Entwurf

des

Strafgesetzbuchs

für die

Preußischen Staaten,

nach den

Beschlüssen des Königlichen Staatsraths.

Anhang:

1. Entwurf des Gesetzes über die Einführung des Strafgesetzbuchs,
2. Entwurf des Gesetzes über die Kompetenz der Gerichte zur Untersuchung und Bestrafung der Verbrechen und Vergehen in dem Bezirke des Appellationshofes zu Cöln.

Berlin.

In Commission bei Veit und Comp.

1843.

Erster Theil.

Von Verbrechen und Polizei-Vergehen und deren Bestrafung überhaupt.

Erster Titel.

Von Verbrechen.

Erster Abschnitt.

Von der Anwendung der Strafgesetze.

§. 1.

Alle von Preußischen Unterthanen im Inlande oder Auslande verübte Verbrechen sind nach den Gesetzen des Preußischen Staats zu bestrafen.

§. 2.

Auch gegen Ausländer, welche wegen eines im Inlande oder Auslande verübten Verbrechens vor den hiesigen Gerichten zur Untersuchung gezogen werden, sind die Preußischen Strafgesetze anzuwenden. Eine Ausnahme tritt nur ein, wenn die im Auslande begangene, nach den Preußischen Gesetzen strafbare Handlung nach den Gesetzen des Auslandes straflos ist und kein Verbrechen gegen den Preußischen Staat oder gegen einen Preußischen Unterthanen enthält.

§. 3.

Wegen Verbrechen, welche im Auslande von einem Inländer oder Ausländer verübt worden, und nicht gegen den Preußischen Staat oder einen Preußischen Unterthan gerichtet sind, darf die Untersuchung nur mit Genehmigung des Justiz-Ministers eingeleitet werden.

§. 4.

Auf Verbrechen Preußischer Militairpersonen finden die Vorschriften dieses Gesetzbuchs nur in soweit Anwendung, als nicht die Militairgesetze ein Anderes bestimmen.

§. 5.

Unbekanntschaft mit dem Strafgesetze gereicht dem Verbrecher nicht zur Entschuldigung.

Eine Ausnahme findet nur statt, wenn aus besondern Umständen sich ergiebt, daß der Thäter ohne alles Verschulden gänzlich außer Stande war, davon Kenntniß zu erhalten, daß die Handlung unerlaubt war.

§. 6.

Das Recht des Beschädigten auf Schadensersatz ist von der Bestrafung des Thäters unabhängig.

Zweiter Abschnitt.

Von Strafen.

§. 7.

Kein Verbrechen darf mit einer andern, als mit der gesetzlich dafür bestimmten Strafe oder Strafart belegt werden.

§. 8.

Die zulässigen Strafarten sind:

1. Todesstrafe,
2. Zuchthausstrafe,
3. Strafarbeit oder Festungsstrafe,
4. Gefängniß oder Festungshaft,
5. Körperliche Züchtigung,
6. Geldbuße,

7. Konfiskation einzelner Gegenstände,
8. Kassation,
9. Amtsentsetzung,
10. Degradation,
11. Verlust von Pensionen und Gnadengehältern,
12. Verlust gewerblicher Rechte,
13. Verlust der Ehrenrechte,
14. Landesverweisung,
15. Orts- und Bezirksverweisung,
16. Besondere Polizeiaufsicht.

§. 9.

Die Todesstrafe ist durch Enthauptung öffentlich zu vollstrecken, und die Vollstreckung des Urtheils durch das Amtsblatt bekannt zu machen. 1. Todesstrafe.

Bestimmt das Gesetz geschärfte Todesstrafe, so soll der Verbrecher zur Richtstätte geschleift werden.

§. 10.

Außer den im Gesetze namentlich bestimmten Fällen ist auf geschärfte Todesstrafe nach richterlichem Ermessen auch dann zu erkennen, wenn das mit Todesstrafe bedrohte Verbrechen entweder unter sehr erschwerenden Umständen verübt, oder aus einer besondern Verworfenheit und Niederträchtigkeit der Gesinnungen hervorgegangen ist.

§. 11.

Die zur Zuchthausstrafe Verurtheilten sind zu schwerer Arbeit, nach näherer Bestimmung der Hausordnung, anzuhalten. 2. Zuchthausstrafe.

Die Dauer der Zuchthausstrafe ist mindestens ein Jahr.

§. 12.

Während der Strafzeit sind die zur Zuchthausstrafe Verurtheilten unfähig zur Verwaltung ihres Vermögens und zur Verfügung darüber unter Lebenden; auch darf ihnen kein

Theil ihres Vermögens oder ihrer Einkünfte zur freien Verfügung verabfolgt werden.

§. 13.

3. Strafarbeit.

Die Strafarbeit wird in einer von dem Zuchthause verschiedenen Strafanstalt vollstreckt, in welcher die Sträflinge nach Maaßgabe der Hausordnung zu angemessenen Arbeiten anzuhalten sind. In den Strafarbeitshäusern soll in Bezug auf Arbeit, Disziplin und Beköstigung eine mildere Behandlung, als in den Zuchthäusern stattfinden.

Die Dauer der Strafarbeit ist mindestens drei Monate.

§. 14.

4. Gefängnißstrafe.

Die Gefängnißstrafe wird in den dazu bestimmten Gerichts- oder Polizei-Gefängnissen vollstreckt. Sie besteht in einfacher Freiheits-Entziehung; doch können unvermögende Verurtheilte, um die Kosten ihres Unterhalts im Gefängnisse aufzubringen, zu einer ihren Fähigkeiten und Verhältnissen angemessenen Arbeit angehalten werden.

§. 15.

Die Dauer der Gefängnißstrafe kann sich außer dem Falle des §. 47. nicht über ein Jahr erstrecken.

§. 16.

Gefängnißstrafen von mehr als drei Tagen und nicht über drei Monate können, wenn

1. durch deren Vollstreckung der Nahrungsstand des Verbrechers oder der Unterhalt seiner Familie gefährdet werden würde, oder
2. ein stärkerer Eindruck davon für den Verbrecher zu erwarten ist,

von dem Richter in ihrer Dauer verkürzt werden, und zwar

a) um ein Viertheil, entweder durch Schmälerung der Kost, welche alsdann am ersten und an jedem dritten Tage in Wasser und Brod besteht, oder dadurch, daß dem Gefangnen eine harte Lagerstätte angewiesen wird;

b) um die Hälfte durch Verbindung beider genannten Schärfungsarten oder durch einsames Gefängniß.

§. 17.

5. Festungsstrafe und Festungshaft.

Auf Festungsstrafe ist anstatt der Strafarbeit, und auf Festungshaft anstatt der Gefängnißstrafe zu erkennen, wenn solches nach den persönlichen oder bürgerlichen Verhältnissen des Verbrechers für angemessen zu achten ist.

Auf Festungshaft darf anstatt der Strafarbeit nur in denjenigen Fällen erkannt werden, in welchen die Gesetze dies ausdrücklich zulassen.

§. 18.

Die zur Festungsstrafe Verurtheilten werden auf der Festung in engem Gewahrsam gehalten, auf den nothdürftigen Unterhalt eingeschränkt, und sind verpflichtet, diejenigen Arbeiten zu verrichten, welche ihnen mit Berücksichtigung ihrer Fähigkeiten, Kräfte und bürgerlichen Verhältnisse angewiesen werden.

§. 19.

Die zur Festungshaft Verurtheilten werden auf den Festungen von denen, welche Festungsstrafe erleiden, abgesondert, und sind dabei den im §. 18. erwähnten Beschränkungen nicht unterworfen.

§. 20.

Gemeinsame Bestimmung über Freiheitsstrafen.

Keine zeitige Freiheitsstrafe darf die Dauer von fünf und zwanzig Jahren überschreiten.

§. 21.

6. Körperliche Züchtigung.

Wenn bei einzelnen Verbrechen das Gesetz die körperliche Züchtigung als Strafe ausdrücklich zuläßt, so hat der Richter nach den besondern Umständen des Falles und den persönlichen Verhältnissen des Verbrechers zu ermessen, ob diese Strafart in Anwendung zu bringen sey.

Gegen Personen weiblichen Geschlechts darf auf körperliche Züchtigung nicht erkannt werden.

§. 22.

Läßt das Gesetz zwischen Freiheitsstrafe und körperlicher Züchtigung die Wahl, so kann der Richter entweder auf letztere allein, oder auch auf beide zugleich erkennen, und werden in letzterm Falle bei Ermessung der Strafe zehn bis zwanzig Hiebe einer vierwöchentlichen Gefängnißstrafe gleich geachtet.

§. 23.

Das Maaß der körperlichen Züchtigung muß in dem Erkenntnisse bestimmt werden und darf die Anzahl von vierzig Hieben nicht übersteigen.

§. 24.

Ist zu besorgen, daß die Züchtigung der Gesundheit nachtheilig werden könne, so muß der Richter vor deren Vollstreckung das Gutachten eines gerichtlichen oder approbirten Arztes oder Wundarztes darüber, ob und in welchem Grade der Verbrecher derselben, unbeschadet seiner Gesundheit, unterworfen werden könne, erfordern. Fällt dieses Gutachten dahin aus, daß die körperliche Züchtigung ohne Gefahr für die Gesundheit des Verbrechers nicht vollzogen werden kann, so muß dieselbe von dem erkennenden Richter in eine verhältnißmäßige Freiheitsstrafe verwandelt werden.

§. 25.

Die Vollstreckung der Züchtigung geschieht im Gerichtsgebäude oder im Gefängnisse, im Beiseyn einer Gerichtsperson, durch einen Gerichtsdiener oder Gefangenwärter.

Mehr als zwanzig Hiebe dürfen an einem Tage nicht ertheilt werden.

§. 26.

Bei Erkennung der Geldbußen ist, wenn sie im Gesetze nach einem höchsten und niedrigsten Betrage bestimmt sind, auf die Vermögens-Verhältnisse des Schuldigen besonders Rücksicht zu nehmen. 7. Geldbuße.

§. 27.

Die Konfiskation findet nur in Bezug auf einzelne Gegenstände statt. Werkzeuge, mit welchen ein Verbrechen verübt worden ist, sind, sofern sie dem Verbrecher gehören, jederzeit zu konfisziren. 8. Konfiskation einzelner Gegenstände.

§. 28.

Die Amtsentsetzung hat den Verlust aller von dem Verurtheilten bekleideten Aemter und der damit verbundenen Rechte zur Folge. 9. Amtsentsetzung und Kassation.

Die Kassation zieht außerdem noch die Unfähigkeit zu jedem öffentlichen Amte nach sich.

§. 29.

Die Degradation ist nur gegen Beamte im unmittelbaren Staatsdienste anwendbar. Ihre Wirkung besteht darin, daß der Beamte sich der Versetzung in eine mit geringerem Einkommen verbundene Stelle einer unteren Klasse unterwerfen muß. 10. Degradation.

§. 30.

Der Verlust von Pensionen, welche aus der Staatskasse an entlassene Staatsdiener gezahlt werden, tritt ein, wenn der Pensionair vor oder nach seiner Entlassung eines Verbrechens sich schuldig gemacht hat, welches, wenn er noch im Dienste gewesen wäre, die Kassation oder Amtsentsetzung zur Folge gehabt haben würde. 11. Verlust von Pensionen u. Gnadengehältern.

Auf den Verlust anderer Pensionen ist nur dann zu erkennen, wenn solches durch besondere Vorschriften bestimmt ist.

§. 31.

Der Verlust des Gnadengehalts der Militair-Invaliden, so wie des Anspruchs auf letzteres, tritt ein, wenn ein Militair-Invalide, vor oder nach seiner Entlassung aus dem Dienste, ein Verbrechen verübt hat, welches während des Militairdienstes die Ausstoßung aus dem Soldatenstande zur Folge gehabt haben würde.

§. 32.

12. Verlust gewerblicher Rechte.

Die Entziehung der Befugniß zum selbstständigen Betriebe eines Gewerbes als Strafe kann für immer oder auf eine bestimmte Zeit stattfinden; im letztern Falle darf die Zeit der Entziehung nicht unter drei Monate und nicht über fünf Jahre betragen.

§. 33.

13. Ehrenstrafen.

Die Ehrenstrafen bestehen in dem Verluste

1. des Adels,
2. der öffentlichen Würden und Titel,
3. der Standschaft, sowie der Theilnahme an Stimm- und Ehrenrechten in Gemeinden und Korporationen,
4. der Befugniß zur Ausübung des Patronats, der Gerichtsbarkeit und der Polizeiverwaltung, und
5. der Nationalkokarde.

§. 34.

Die Verurtheilung zur Zuchthausstrafe oder Kassation zieht den Verlust sämmtlicher in dem §. 33. erwähnten Ehrenrechte nach sich, und ist darauf jederzeit ausdrücklich zu erkennen.

Bei Verurtheilung zu andern Strafen darf dieser Verlust nur dann ausgesprochen werden, wenn solches bei einzelnen Verbrechen besonders bestimmt ist.

Außer diesen Fällen behält es in Ansehung des Verlustes der Rechte der Standschaft, der Befugniß zur Ausübung der Gerichtsbarkeit, des Patronats und der Polizeiverwaltung bei dem Gesetze vom 8ten Mai 1837., so wie in Ansehung des Verlustes der Kommunal-, Stimm- und Ehrenrechte bei den Vorschriften der Städte- und Landgemeinde-Ordnungen sein Bewenden.

§. 35.

In Ansehung des Verlustes inländischer Orden und Ehrenzeichen kommen die Bestimmungen des §. 17. der Erweiterungs-Urkunde für die Königlichen Orden und Ehrenzeichen vom 18ten Januar 1810. zur Anwendung; hat jedoch nach den bestehenden Vorschriften bei einzelnen Arten von Ehrenzeichen (Kriegsdenkmünze und Dienstauszeichnung für Unteroffiziere und Soldaten) der Richter über deren Verlust zu entscheiden, so ist hierauf in allen denjenigen Fällen zu erkennen, in welchen nach §. 34. der Verlust der Ehrenrechte eintritt.

§. 36.

In Ansehung auswärtiger Orden und Ehrenzeichen bleibt die Bestimmung darüber: in wiefern dem Verurtheilten, Inländer oder Ausländer, dieselben ferner im Inlande zu tragen gestattet seyn soll, dem Könige vorbehalten, und ist auch hierbei die Vorschrift des §. 17. der Erweiterungs-Urkunde für die Königl. Orden und Ehrenzeichen vom 18ten Januar 1810. in Anwendung zu bringen.

§. 37.

Auf Landesverweisung kann nur gegen Ausländer erkannt werden. Sie tritt gegen dieselben als Folge zeitiger Zuchthausstrafe jederzeit ein. 14. Landesverweisung.

§. 38.

Wenn auf Orts- oder Bezirksverweisung erkannt worden ist, so hat die Landes-Polizeibehörde diejenigen Landes- 15. Orts- oder Bezirksverweisung.

theile zu bestimmen, in welchen der Verbrecher seinen Aufenthalt nicht nehmen darf.

§. 39.

16. Besondere Polizei-Aufsicht.

Gegen Verbrecher, welche der öffentlichen Sicherheit gefährlich sind, findet nach Abbüßung der Strafe in den vom Gesetze bestimmten Fällen die Stellung unter besondere Polizeiaufsicht statt.

§. 40.

Die Stellung unter besondere Polizeiaufsicht wird vom Richter erkannt; sie soll nicht unter einem Jahre betragen.

Die Aufhebung derselben nach Ablauf eines Jahres hängt von dem Ermessen der Polizeibehörde ab.

Soll die besondere Polizeiaufsicht nach einer Dauer von fünf Jahren fortgesetzt werden, so ist hiezu die Genehmigung der Landes-Polizeibehörde erforderlich.

§. 41.

Die Wirkungen der Stellung unter besondere Polizeiaufsicht sind:

1. daß der Verurtheilte seinen Wohnort ohne Erlaubniß der Polizeibehörde nicht über Nacht verlassen darf;
2. daß ihm der Aufenthalt an bestimmten Orten von der Polizeibehörde untersagt werden kann; und
3. daß die Gerichts- und Polizeibehörden befugt sind, bei ihm zu jeder Zeit Haussuchung zu halten.

§. 42.

Gegen Diebe und Räuber, welche unter Polizeiaufsicht gestellt sind, kann die Polizeibehörde die Aufsicht dahin erweitern, daß dieselben ohne Erlaubniß während der Nachtzeit ihre Wohnung nicht verlassen dürfen.

Die Nachtstunden sind nach Jahreszeit, Ortsverhältnissen und Beschäftigung des Beaufsichtigten durch die Polizeibehörde zu bestimmen.

§. 43.

Die besondere Polizeiaufsicht kann gegen Bestellung einer Kaution für gutes Betragen aufgehoben werden. Ueber die Zulassung der Kaution und deren Höhe entscheidet die Polizeibehörde. Hat ein Dritter die Kaution bestellt, so tritt mit Zurücknahme derselben die Polizeiaufsicht wieder ein.

§. 44.

Die Kaution ist verwirkt, wenn der Verurtheilte nach deren Bestellung bis zum Ablauf der für die Polizeiaufsicht bestimmten Zeit ein vorsätzliches Verbrechen begeht. Ueber die Verwirkung der Kaution hat der Richter, welcher über dieses Verbrechen erkennt, gleichfalls zu entscheiden. Die Kautionssumme soll nöthigenfalls und selbst gegen den Bürgen mittelst persönlicher Haft beigetrieben und zunächst zum Ersatze des durch das neue Verbrechen zugefügten Schadens verwendet werden.

§. 45.

Gegen Ausländer ist anstatt der Stellung unter Polizeiaufsicht auf Landesverweisung zu erkennen.

§. 46.

III. Strafverwandlung.

Wenn bei Freiheitsstrafen eine Umwandlung der gesetzlich vorgeschriebenen Strafart erfolgen muß, so tritt statt einer einjährigen Strafarbeit achtmonatliche Zuchthausstrafe, und statt einer einjährigen Gefängnißstrafe achtmonatliche Strafarbeit ein.

Nach diesem Maaßstabe ist in den Fällen, wo auf eine längere als einjährige Gefängnißstrafe zu erkennen seyn würde, letztere in Strafarbeit zu verwandeln; ausgenommen hiervon bleibt jedoch der Fall des §. 47.

§. 47.

Geldbußen, welche wegen Unvermögens des Verbrechers

nicht beigetrieben werden können, sind dergestalt in Gefängnißstrafe zu verwandeln, daß bis zum Betrage von dreißig Thalern ein Thaler, von dem Betrage von mehr als dreißig bis zu einhundert Thalern zwei Thaler, und von dem Betrage über einhundert Thaler drei Thaler, einer eintägigen Gefängnißstrafe gleichzustellen sind; doch darf, in sofern nicht durch besondere Gesetze ein Anderes bestimmt ist, die Dauer der Gefängnißstrafe, welche an die Stelle einer Geldbuße oder auch mehrerer gleichzeitig zur Vollstreckung kommender Geldbußen tritt, niemals über vier Jahre steigen.

Ein Umwandlung von Freiheitsstrafen in Geldbuße findet niemals statt.

§. 48.

IV. Anrechnung der Untersuchungshaft und des Aufenthalts in einer Heilanstalt auf die Strafe.

Wenn die Untersuchungshaft des Verbrechers ohne sein Verschulden verlängert worden ist, so soll mit Rücksicht hierauf die von demselben gesetzlich verwirkte Freiheitsstrafe oder Geldbuße gemindert werden.

§. 49.

Wenn der Verbrecher aus der Strafanstalt wegen Geistes- oder körperlicher Krankheit in eine Heilanstalt, oder wegen eines durch ihn nicht veranlaßten Grundes in Untersuchungs- oder andere Haft gebracht worden ist, so wird ihm die Zeit dieser Haft, so wie des Aufenthalts in der Heilanstalt auf seine Strafzeit angerechnet.

§. 50.

V. Berücksichtigung der Militairverhältnisse.

Bei Anwendung der in diesem Abschnitte bestimmten Strafarten gegen Personen, die noch im Militairverbande stehen, sind die darüber ergangenen besondern Vorschriften zu beachten.

Dritter Abschnitt.

Von dem Vorsatze und von der Fahrlässigkeit.

§. 51.

Ob ein Verbrechen vorsätzlich oder aus Fahrlässigkeit verübt worden, hat der Richter nach den Umständen zu ermessen.

§. 52.

Als vorsätzlich verübt ist das Verbrechen zu erachten, wenn dasselbe so erfolgt ist, wie es in der Absicht des Thäters gelegen hat.

Auch dann ist das Verbrechen dem Thäter als ein vorsätzliches zuzurechnen, wenn der eingetretene Erfolg zwar nicht zunächst oder ausschließlich bezweckt war, aus den Umständen aber hervorgeht, daß solcher, für den als möglich vorauszusehenden Fall seines Eintritts, nicht außer der Absicht des Thäters gelegen hat.

Durch einen Irrthum in der Person des Verletzten, oder in den Beweggründen wird der Vorsatz nicht ausgeschlossen.

§. 53.

Ist aus der Handlung ein Erfolg entstanden, welcher außer der Absicht des Verbrechers lag, so ist ihm, falls nicht bei einzelnen Verbrechen ein Anderes bestimmt ist, die That nur in Beziehung auf den beabsichtigten Erfolg als eine vorsätzliche, in Beziehung auf den ohne seinen Willen entstandenen Erfolg aber, nach Bewandniß der Umstände, zugleich als eine fahrlässige anzurechnen und die Strafe nach den Bestimmungen über das Zusammentreffen von Verbrechen (§§. 118—122) abzumessen.

Vierter Abschnitt.

Von der Vollendung und dem Versuche der Verbrechen.

§. 54.

I. Vollendetes Verbrechen.

Die im Gesetze bestimmte Strafe eines Verbrechens findet nur dann, wenn das Verbrechen vollendet ist, volle Anwendung.

§. 55.

II. Versuch.

Der Versuch eines Verbrechens wird strafbar, sobald derselbe durch eine solche äußere Handlung sich offenbart hat, welche schon als Anfang der Ausführung des beabsichtigten Verbrechens zu betrachten ist.

§. 56.

Je mehr der Versuch der Vollendung des Verbrechens sich genähert, und je weniger das Unterbleiben der Vollendung in dem Willen des Thäters seinen Grund hat, desto größer ist die Strafbarkeit des Versuchs.

§. 57.

Die Strafbarkeit eines verbrecherischen Versuchs wird dadurch nicht ausgeschlossen, daß der Thäter sich zu demselben ungenügender Mittel bedient, oder die Handlung an einem Gegenstande verübt hat, bei welchem die gesetzwidrige Wirkung nicht eintreten konnte.

§. 58.

1. Strafe des beendigten Versuchs.

Wenn bei einem Verbrechen, welches erst mit dem Eintritte eines bestimmten Erfolgs vollendet wird, der Verbrecher alles, was von seiner Seite zu dieser Vollendung nothwendig war, gethan hat, der Erfolg aber, wider seinen Willen, dennoch unterblieben ist, so soll, statt der auf das vollendete Verbrechen bestimmten Todesstrafe, auf lebenswierige Freiheitsstrafe, statt lebenswieriger Freiheitsstrafe auf Freiheitsstrafe von zwanzig Jahren erkannt, in allen andern Fällen aber die Strafe auf zwei Drittheile herabgesetzt werden.

§. 59.

In andern, als den im §. 58. bezeichneten Fällen bleibt es dem Ermessen des Richters überlassen, in wiefern die Strafe des vollendeten Verbrechens dem Maaße nach herabzusetzen oder eine gelindere Strafart zu wählen sey; sie darf aber, wenn das vollendete Verbrechen Todesstrafe oder lebenswierige Freiheitsstrafe nach sich zieht, eine Freiheitsstrafe von funfzehn Jahren, und bei gelindern Strafen die Hälfte derselben nicht übersteigen. 2. Strafe des nicht beendigten Versuchs.

§. 60.

Enthält eine als Versuch strafbare Handlung schon ein anderes vollendetes Verbrechen, so ist die Strafe nach den Bestimmungen über das Zusammentreffen von Verbrechen (§§. 118—122.) zuzumessen. 3. Allgemeine Vorschriften über die Strafe des Versuchs.

§. 61.

In welchen Fällen der Versuch abweichend von diesen allgemeinen Vorschriften (§§. 55—60.) bestraft werden soll, ist bei den einzelnen Verbrechen besonders bestimmt.

§. 62.

Wer aus eigener Bewegung von der Vollendung eines schon begonnenen Verbrechens absteht, und, wo dies nöthig ist, solche Anstalten trifft, daß die beabsichtigte schädliche Wirkung nicht eintreten kann, der soll mit Strafe verschont werden.

Ist jedoch die Versuchshandlung schon ein für sich bestehendes Verbrechen, so wird die Strafe dieses letzteren dadurch nicht aufgehoben.

Fünfter Abschnitt.

Von den Urhebern eines Verbrechens und den Theilnehmern.

§. 63.

I. Urheber, Anstifter und Haupt-Gehülfe.

Mit der auf das Verbrechen im Gesetze angedrohten Strafe werden belegt:

1. derjenige, welcher das Verbrechen durch eigene Handlung unmittelbar bewirkt hat (Urheber);
2. derjenige, welcher sich eines Andern zur Ausführung des Verbrechens bedient oder denselben vorsätzlich zu dem verbrecherischen Entschluß bewogen hat (Anstifter);
3. jeder, der zur Ausführung des Verbrechens und um diese zu befördern, eine solche Hülfe geleistet hat, ohne welche unter den vorhandenen Umständen das Verbrechen nicht hätte begangen werden können (Hauptgehülfe).

§. 64.

Der Anstifter ist, wenn die Ausführung des von ihm beabsichtigten Verbrechens ohne seinen Willen unterbleibt, mit der Strafe des Versuchs dieses Verbrechens zu belegen. (§§. 58. und 59.)

§. 65.

I. Komplott.

Sind zwei oder mehrere Personen wegen der Verübung eines Verbrechens vorher übereingekommen, so ist jeder von ihnen, welcher auf irgend eine Art vor, bei oder nach der Ausführung mitgewirkt hat, oder bei der letztern auch nur gegenwärtig gewesen ist, als Miturheber des Verbrechens anzusehen, auf welches die Uebereinkunft sich bezog.

§. 66.

Die Verübung eines Verbrechens durch Komplott ist jederzeit ein Erschwerungsgrund bei Zumessung der Strafe.

Gegen denjenigen, welcher die Verbindung veranlaßt

(Anstifter des Komplotts) und gegen denjenigen, welcher den Plan zur Ausführung entworfen oder die letztere geleitet hat (Rädelsführer), kann die Strafe bis um die Hälfte geschärft werden.

§. 67.

Auch wenn das beabsichtigte Verbrechen ganz unterblieben ist, so wird doch schon die Eingehung des Komplotts jedem Theilnehmer, welchem die Vorschrift des §. 62. nicht zu Statten kommt, als nicht beendigter Versuch zugerechnet.

§. 68.

Hat ein Theilnehmer des Komplatts vor, bei oder nach der Ausführung gar nicht mitgewirkt, und ist er auch bei der letztern nicht gegenwärtig gewesen, so soll derselbe, wenn ihm nicht die Vorschrift des §. 62. zu Statten kommt, oder er nicht der Anstifter und als solcher zu bestrafen ist, mit der Strafe des nicht beendigten Versuchs belegt werden.

§. 69.

Ist eine Verbindung zu fortgesetzter Verübung von Verbrechen, gleicher oder verschiedener Art, eingegangen (Bande), so finden bei den in Folge einer solchen Verbindung verübten Verbrechen nicht nur die Vorschriften der §§. 65—68. Anwendung, sondern es können auch die sonst stattfindenden Strafen, den Umständen nach, bis zur Verdoppelung geschärft werden, in sofern nicht bei einzelnen Verbrechen besondere Vorschriften für diese Fälle ertheilt sind. III. Bande.

§. 70.

Wer außer dem Falle eines Komplotts die von einem Andern beabsichtigte Verübung eines Verbrechens wissentlich durch Rath oder That befördert, ist als Gehülfe zu bestrafen, sofern ihn nicht nach §. 63. No. 3. als Hauptgehülfen die Strafe des Urhebers trifft. IV. Gehülfe.

§. 71.

Die Strafe des Gehülfen, wenn sie nicht bei den einzelnen Verbrechen besonders bestimmt worden, ist nach der dem Urheber gesetzlich angedrohten Strafe, jedoch im geringerem Maaße und zwar nach Verhältniß des Einflusses zu bestimmen, welchen die Beihülfe auf die Vollbringung der That gehabt hat.

Besteht die Strafe des Urhebers in Todes- oder lebenswieriger Freiheitsstrafe, so kann der Gehülfe im erstern Falle höchstens mit lebenswieriger, im letztern aber höchstens mit zwanzigjähriger Freiheitsstrafe belegt werden. In allen andern Fällen darf die Strafe der Gehülfen zwei Drittheile der dem Urheber angedroheten Strafe nicht übersteigen. Rücksichtlich der Ermäßigung der Strafe unter den niedrigsten gesetzlichen Grad findet die Vorschrift des §. 59. Anwendung.

§. 72.

V. Theilnehmer an den Vortheilen u. Begünstiger.

Wer Kenntniß von einem verübten Verbrechen hat, und dennoch an den Vortheilen desselben Theil nimmt, oder, in Beziehung auf das bereits vollendete Verbrechen, den Urheber oder dessen Mitschuldige auf irgend eine Weise aus eignem Interesse begünstigt, hat, wenn nicht durch besondere Vorschriften eine härtere Strafe angeordnet ist, Geldbuße, Gefängnißstrafe oder Strafarbeit bis zu fünf Jahren verwirkt. Bei der Zumessung dieser Strafe ist auf die Größe und Schwere des begangenen Verbrechens, soweit der Theilnehmer oder Begünstiger dieselbe gekannt hat, Rücksicht zu nehmen.

§. 73.

Ist die Begünstigung ohne eigenes Interesse nur aus Theilnahme an der Person des Verbrechers erfolgt, so tritt

Geldbuße bis zu fünfhundert Thalern oder Gefängnißstrafe bis zu sechs Monaten ein.

§. 74.

In dem §. 73. gedachten Falle bleibt die Begünstigung straflos, wenn sie Eltern oder Kindern, Ehegatten, Geschwistern, Schwägern, Vormündern oder Mündeln geleistet wurde.

Unter Eltern und Kindern sind nicht nur alle Verwandte und Verschwägerte in auf- und absteigender Linie, sondern auch Adoptiv- und Pflege-Eltern und Kinder zu verstehen.

Unter den Verwandten in auf- und absteigender Linie sind auch die unehelichen begriffen; zwischen einem unehelichen Kinde und dessen Abkömmlingen einerseits, und seinem Vater und dessen Verwandten in aufsteigender Linie anderseits jedoch nur dann, wenn die uneheliche Verwandtschaft durch rechtskräftiges Erkenntniß oder Anerkenntniß der Vaterschaft bereits festgestellt war.

§. 75.

VI. Unterlassene Hinderung eines verbrecherischen Vorhabens.

Haben Eltern (§. 73.), Vormünder, Erzieher, Lehrmeister und Dienstherrschaften von einem verbrecherischen Vorhaben der ihrer Gewalt oder Aufsicht untergebenen Personen glaubhafte Kenntniß erhalten und die Ausführung desselben zu verhindern unterlassen, obwohl sie solche ohne eigene oder eines Dritten Gefahr hätten verhindern können, so sind dieselben, wenn die Verhinderung aus Vorsatz unterblieb, gleich den Gehülfen (§. 71.), wenn die Verhinderung aus Fahrlässigkeit unterblieb, gleich den Begünstigern (§. 72.) zu bestrafen. Die Eltern, Vormünder und Erzieher trifft aber diese Strafe nur dann, wenn sie die Ausführung des verbrecherischen Vorhabens ohne Anzeige bei der Obrigkeit zu verhindern vermochten.

Machen Beamte, welche vermöge ihres Amtes Verbrechen zu verhindern verpflichtet sind, sich eines solchen Vergehens schuldig, so kann die Strafe nach Umständen durch Amtsentsetzung verschärft werden.

§. 76.

Wenn außer den im §. 75. bezeichneten Fällen jemand von einem verbrecherischen Vorhaben, durch welches der Staat oder eine Privatperson mit einem erheblichen Schaden bedrohet wird, glaubhafte Kenntniß erhalten und die Ausführung desselben, durch zeitige Anzeige bei der Obrigkeit, oder durch Benachrichtigung des Bedroheten, oder durch andere ihm zu Gebote stehende Mittel, soweit es ohne eigene oder eines Dritten Gefahr geschehen konnte, zu verhindern unterlassen hat, so soll derselbe, wenn die Verhinderung aus Vorsatz unterblieb, mit der im §. 72. bestimmten Strafe der Begünstigung des Verbrechens, und, wenn die Verhinderung aus Fahrlässigkeit unterblieb, mit Geldbuße bis zu zweihundert Thalern oder mit Gefängnißstrafe bis zu drei Monaten bestraft werden. Diese Bestimmung findet jedoch auf Eltern und Kinder (§. 73.), auf Ehegatten, Geschwister und Schwäger nur in soweit Anwendung, als sie die Ausführung des verbrecherischen Vorhabens ohne Anzeige bei der Obrigkeit zu verhindern im Stande waren.

§. 77.

VII. Unterlassung der Anzeige eines verübten Verbrechens.

In Ansehung bereits verübter Verbrechen ist die Unterlassung der Anzeige, außer den Personen, welche vermöge ihres Amtes zur Anzeige verpflichtet sind, und außer den durch die Gesetze besonders bestimmten Fällen, nur dann strafbar, wenn jemand, welcher von dem Thäter eines Verbrechens Kenntniß hat, und weiß, daß ein Unschuldiger deshalb zur Untersuchung gezogen worden ist, die Anzeige des wahren Thäters bei der Obrigkeit unterläßt. Es tritt in diesem Falle die im §. 72. bestimmte Strafe ein.

Die Bestimmung dieses §. findet jedoch auf die im §. 74. genannten Personen keine Anwendung.

Sechster Abschnitt.

Von den Gründen, welche die Strafbarkeit ausschließen oder aufheben.

§. 78.

I. Ausschließung der Strafbarkeit.

Nur demjenigen kann ein Verbrechen zugerechnet werden, welcher die Unrechtmäßigkeit seiner Handlung einzusehen und sie zu unterlassen im Stande war.

§. 79.

Mangel der Zurechnungsfähigkeit.

Wegen Zurechnungsunfähigkeit zur Zeit der That sind daher den gesetzlichen Strafen nicht unterworfen:

1. Kinder bis zum vollendeten zwölften Jahre; jedoch sind sie der Polizei zu überweisen, um wegen der häuslichen Züchtigung derselben durch ihre Eltern, Vormünder oder Erzieher, oder wegen anderer Zucht- oder Besserungsmittel das Erforderliche anzuordnen;
2. Taubstumme, sofern sie nicht die Fähigkeit erlangt hatten, die Unrechtmäßigkeit ihrer Handlungen einzusehen;
3. diejenigen, welche durch Wahnsinn, Raserei, Blödsinn oder durch einen anderen Krankheitszustand des Gebrauchs der Vernunft gänzlich beraubt waren;
4. diejenigen, welche sich im Zustande des Schlafs oder gänzlicher Schlaftrunkenheit oder einer andern Art von völliger Bewußtlosigkeit befanden.

§. 80.

Hat sich jedoch der Thäter absichtlich durch Trunk oder sonst in einen solchen Zustand versetzt, um in demselben ein zuvor beschlossenes Verbrechen auszuführen, so ist ihm die

That, soweit er sie vorher beschlossen hatte, als eine vorsätzliche zuzurechnen.

§. 81.

Hat sich jemand den bewußtlosen Zustand, in welchem er ein Verbrechen beging, ohne eine solche Absicht (§. 80.) zugezogen, so kommt es auf die Umstände an, ob ihm das Verbrechen als ein fahrlässiges zugerechnet werden kann

§. 82.

Wenn die Strafbarkeit einer Handlung durch besondere Thatumstände bedingt ist, so kann diese Handlung nur denjenigen, welche jene Thatumstände kannten, als vorsätzliches Verbrechen zugerechnet werden.

Wer eine an sich strafbare Handlung begeht, deren Strafbarkeit durch gewisse ihm unbekannte Thatumstände erhöht wird, dem können diese Thatumstände nicht zugerechnet werden.

§. 83.

In wiefern äußere Gewalt oder Drohungen, durch welche der Thäter zu der Handlung bestimmt worden ist, dessen Zurechnungsfähigkeit aufheben, hat der Richter nach den Umständen und mit Rücksicht auf die Gemüths- und Leibes-Beschaffenheit des Thäters zu ermessen.

§. 84.

Die im Zustande rechter Nothwehr begangenen Handlungen sind straflos. Rechte Nothwehr ist vorhanden, wenn jemand bei einem rechtswidrigen Angriffe gegen seine Person, Ehre oder Vermögen, auf den augenblicklich nöthigen Schutz der Obrigkeit mit Gewißheit nicht rechnen kann, und ihm, außer der gewaltsamen Selbstvertheidigung, kein anderes sicheres Mittel zu Gebote steht, den ihm drohenden Schaden abzuwenden.

Nothwehr.

§. 85.

Die Nothwehr findet eben sowohl zur Abwendung eines unzweideutig angedroheten, als eines schon begonnenen Angriffs und selbst zur Wiedererlangung von Sachen statt, deren sich der Angreifende schon bemächtigt hatte.

§. 86.

Nicht nur der Angegriffene oder Bedrohete selbst, sondern auch ein jeder, der denselben vertheidigt oder ihm Beistand leistet, hat das Recht der Nothwehr.

§. 87.

Die Nothwehr darf nicht weiter geübt werden, als ihr Zweck erfordert.

§. 88.

Ergiebt sich aus den Umständen, daß der Angegriffene aus Bestürzung, Schreck oder Furcht das Maaß erlaubter Vertheidigung überschritten hat, so kann ihm diese Ueberschreitung nicht zugerechnet werden.

§. 89.

In andern, als den im §. 88. bezeichneten, Fällen hat der Richter nach den jedesmaligen Umständen zu beurtheilen, ob die Ueberschreitung der Grenzen der Nothwehr als ein bloß fahrlässiges oder als ein vorsätzliches Verbrechen zu betrachten sey.

§. 90.

Wer in Nothwehr einen Andern getödtet oder erheblich verwundet hat, ist, bei Vermeidung einer Geldbuße bis zu zweihundert Thalern oder einer Gefängnißstrafe bis zu drei Monaten, verpflichtet, den Vorfall ungesäumt, sobald er hierzu im Stande ist, der Obrigkeit anzuzeigen.

§. 91.

Dringendste Noth.

Auch außer dem Falle der Nothwehr sind Handlungen, welche zur eigenen oder eines andern Menschen Rettung aus einer gegenwärtigen dringenden Gefahr für Leib oder Leben begangen worden sind, in soweit sie nur die Abwendung dieser unvermeidlichen Gefahr bezwecken und sich darauf beschränken, straflos.

Jedoch liegt dem Handelnden ob, von der begangenen Verletzung entweder den Beschädigten selbst oder die Obrigkeit unverzüglich in Kenntniß zu setzen. Die Unterlassung dieser Anzeige zieht Geldbuße bis zu zweihundert Thalern oder Gefängnißstrafe bis zu drei Monaten nach sich.

§. 92.

Befehl zur Verübung der That.

Die Strafbarkeit des Verbrechens wird dadurch nicht aufgehoben, daß es in Folge eines Befehls begangen ist.

Wenn jedoch ein öffentlicher Beamter dem ihm untergebenen Beamten eine Handlung befohlen hat, welche zu befehlen er an sich befugt war, so ist der Untergebene dafür nicht verantwortlich, wenn auch die Handlung unter den obwaltenden Umständen eine Ueberschreitung der Amtsbefugnisse enthält.

§. 93.

II. Aufhebung der Strafbarkeit.

1. Richterliches Erkenntniß.

Ist wegen eines Verbrechens rechtskräftig erkannt worden, so findet gegen denselben Angeschuldigten wegen eben dieses Verbrechens eine Untersuchung nicht ferner statt.

In wiefern Ausnahmen hiervon zulässig sind, bestimmt die Strafprozeß-Ordnung.

§. 94.

Ist ein Verbrechen gegen den Preußischen Staat verübt, der Verbrecher aber im Auslande zur Untersuchung gezogen und entweder freigesprochen oder doch gelinder, als nach den diesseitigen Gesetzen, gestraft worden, so findet gegen denselben, er sey ein In- oder Ausländer, eine anderweitige Untersuchung und Bestrafung durch die hiesigen Gerichte statt. In sofern jedoch nach hiesigen Gesetzen auf Freiheitsstrafe oder Geldbuße zu erkennen ist, hat der Richter auf die bereits im Auslande erlittene Strafe Rücksicht zu nehmen.

§. 95.

Wenn bei Abfassung eines Erkenntnisses übersehen worden, den durch das Verbrechen zugleich verwirkten Verlust der im §. 33. genannten Ehrenrechte oder der im letzten Satze des §. 35. erwähnten Ehrenzeichen, den Verlust einer Pension oder eines Gnadengehalts, oder eines Anspruches auf letzteres, oder die Stellung unter besondere Polizei-Aufsicht auszusprechen, so muß dieses durch ein nachträgliches Erkenntniß geschehen.

Dasselbe findet statt, wenn bei Abfassung eines Erkenntnisses gegen Personen, die noch im Militairverbande stehen, die Gesetze wegen der militairischen Ehrenstrafen, als: Verlust des National-Militair-Abzeichens, Versetzung in die zweite Klasse des Soldatenstandes, und Degradation nicht beachtet worden sind.

§. 96.

Ist ein Preußischer Unterthan im Auslande wegen eines Verbrechens verurtheilt worden, welches nach diesseitigen Gesetzen zugleich die Kassation, Amtsentsetzung, Degradation oder die im §. 95. erwähnten besonderen Strafen nach sich zieht, so findet, zum Zweck der nachträglichen Aussprechung dieser Strafen, eine anderweitige Untersuchung vor den diesseitigen Gerichten statt.

§. 97.

In allen Fällen der §§. 93—96. muß vor Einleitung des nachträglichen Verfahrens bei dem Justizminister angefragt werden.

§. 98.

Bei Verbrechen, welche mit Todesstrafe bedroht sind, findet eine Verjährung nicht statt. 2. Verjährung.

§. 99.

Bei allen andern Verbrechen wird die Strafbarkeit durch Verjährung aufgehoben, wenn

1. keine amtliche Untersuchung wider den Verbrecher eingeleitet, oder
2. die Fortsetzung der gegen ihn eingeleiteten Untersuchung aufgegeben oder auf Freisprechung von der Instanz erkannt worden ist,

und in dem Falle unter 1. seit der Verübung des Verbrechens, und in den Fällen unter 2. seit der letzten amtlichen Handlung, die im §. 101. bestimmten Zeiträume verflossen sind.

§. 100.

Die Verjährung kommt jedoch demjenigen nicht zu Statten, welcher durch die Flucht der gegen ihn eingeleiteten Untersuchung sich entzogen hat.

§. 101.

Die zur Verjährung erforderlichen Zeiträume sind, in sofern nicht die Gesetze ausdrücklich Ausnahmen bestimmen:

1. bei Verbrechen, deren höchste Strafe eine zehnjährige Freiheitsstrafe übersteigt, zwanzig Jahre;
2. bei Verbrechen, deren höchste Strafe entweder eine fünfjährige Freiheitsstrafe übersteigt, oder in Kassation, Amtsentsetzung oder Degradation besteht, zehn Jahre;
3. bei Verbrechen, deren höchste Strafe in dreimonatlicher Freiheitsstrafe oder in Geldbuße von Einhundert Thalern übersteigt, fünf Jahre; und
4. bei allen übrigen Verbrechen, ein Jahr.

§. 102.

3. Verzeihung. Verbrechen, deren Bestrafung von dem Antrage einer Privatperson abhängig ist, bleiben straflos, wenn der Ver-

letzte dem Thäter verziehen oder den Antrag auf dessen Bestrafung nicht binnen drei Monaten gemacht hat.

Diese Frist beginnt mit dem Tage, an welchem der Verletzte von den Umständen Kenntniß erhalten hat, wodurch es sich bestimmt, daß das Verbrechen zu denjenigen gehört, deren Ahndung von seinem Antrage abhängt. Ist bis zu diesem Zeitpunkte schon die Verjährung nach Vorschrift der §§. 99—101. eingetreten, so findet auch der Antrag auf Bestrafung nicht mehr Statt.

§. 103.

Sind im Falle des §. 102. mehrere Theilnehmer vorhanden, so darf die Untersuchung nur gegen diejenigen eröffnet werden, auf deren Bestrafung angetragen ist.

§. 104.

Der Antrag auf Bestrafung kann nach förmlicher Eröffnung der Untersuchung nicht wieder zurückgenommen werden.

Ausnahmen finden in den Fällen der §§. 187. und 285. Statt.

§. 105.

Der Tod des Verbrechers hebt dessen Strafe auf. 4. Tod des Verbrechers.

Doch werden Geldbußen, auf welche bei Lebzeiten des Verbrechers rechtskräftig erkannt worden ist, in den Nachlaß desselben vollstreckt.

In Betreff der Konfiskation verbleibt es bei den darüber bestehenden Bestimmungen.

Siebenter Abschnitt.

Von der Zumessung, ingleichen von der Milderung und Schärfung der Strafen.

§. 106.

Wenn die im Gesetz auf ein Verbrechen angedrohte Strafe verschiedene Grade hat, oder dem Richter die Wahl I. Zumessung der Strafe.

zwischen mehreren Strafarten überlassen ist, so hat derselbe den Strafgrad oder die Strafart nach den Umständen zu bestimmen, durch welche sich die Strafbarkeit des Verbrechers erhöhet oder vermindert.

§. 107.

Die Strafbarkeit des Verbrechers erhöhet oder vermindert sich hauptsächlich, je nachdem

1. durch seine That mehr oder weniger Rechte verletzt wurden;
2. die Verletzung einen höhern oder niedern Grad erreicht hatte;
3. die That unter Umständen begangen wurde, wodurch die öffentliche Sicherheit, Ruhe und Ordnung mehr oder weniger gefährdet war;
4. die That an befriedeten Orten, insbesondere in Kirchen oder landesherrlichen Schlössern verübt wurde;
5. zur Begehung des Verbrechens die Religion oder religiöse und kirchliche Gebräuche vorgeschützt oder gemißbraucht worden sind;
6. mehr oder weniger Pflichten für den Verbrecher vorhanden waren, die That zu unterlassen;
7. der Verbrecher mehr oder weniger fähig war, diese Pflichten oder die Strafwürdigkeit seiner Handlung zu erkennen;
8. der äußere Anreiz zum Verbrechen für ihn mehr oder minder groß war;
9. er aus mehr oder minder bösartigem Antriebe die Handlung beging;
10. derselbe mit mehr oder weniger Ueberlegung zur Ausführung der That schritt; oder
11. größere oder geringere Hindernisse dabei überwand;
12. der Verbrecher durch seinen bisherigen Lebenswandel

einen höhern oder geringern Grad von Verderbtheit und Neigung zu Verbrechen zu erkennen gegeben hat, oder schon früher wegen Verbrechen verurtheilt worden ist, oder nicht;

13. er das Verbrechen in der Untersuchung geläugnet oder dasselbe eingestanden hat; insbesondere ist zu berücksichtigen, wenn das Geständniß vor der Ueberführung freiwillig abgelegt worden ist.

§. 108.

Bezeichnet das Gesetz bei einem Verbrechen Umstände, welche die Strafbarkeit erhöhen oder vermindern, so ist auf diese zunächst Rücksicht zu nehmen.

§. 109.

Zur Verurtheilung in den höchsten oder niedrigsten Grad der gesetzlichen Strafe ist nicht erforderlich, daß alle, oder auch nur mehrere der die Strafbarkeit erhöhenden oder vermindernden Gründe (§§. 107. und 108.) zusammentreffen.

§. 110.

Läßt das Gesetz zwischen Zuchthausstrafe und Strafarbeit (Festungsstrafe) die Wahl, so tritt die erstere ein, wenn der Verbrecher durch die That eine völlige Verläugnung des Ehrgefühls oder einen hohen Grad von Bosheit zu erkennen gegeben hat.

§. 111.

II. Milderung und Schärfung der Strafe.

Eine Milderung der Strafe unter das im Gesetze bestimmte Maaß oder eine Schärfung über dasselbe hinaus darf, wenn nicht bei einzelnen Verbrechen ein Anderes bestimmt ist, nur in den nachstehenden Fällen (§§. 112. bis 126.) eintreten.

§. 112.

A. Milderungsgründe.

Hat der Verbrecher zur Zeit, als er die That beging,

1. Jugend. zwar das zwölfte aber noch nicht das sechszehnte Lebensjahr vollendet, so ist vom Richter zu ermessen, ob derselbe bereits für zurechnungsfähig zu achten ist, oder nicht. In dem letzten Falle findet die Vorschrift des §. 79. No. 1. Anwendung; in dem ersten Falle tritt eine Milderung der Strafe dahin ein, daß

1. statt Todes- oder lebenswieriger Freiheitsstrafe auf eine Freiheitsstrafe bis zu funfzehn Jahren,
2. statt einer zeitigen Freiheitsstrafe oder einer Geldbuße auf eine Strafe, deren Maaß die Hälfte jener Strafen nicht übersteigen darf, und
3. niemals auf Zuchthausstrafe oder Verlust der Ehrenrechte zu erkennen ist.

§. 113.

Die im §. 112. erwähnten Strafen sollen entweder in eigends für jugendliche Verbrecher bestimmten Strafanstalten, oder zwar in den ordentlichen Strafanstalten, jedoch in abgesonderten Räumen, vollstreckt werden.

Statt der Gefängnißstrafen kann den Umständen nach (§. 21.) auf verhältnißmäßige körperliche Züchtigung erkannt werden.

§. 114.

2. Reue. Wenn der Verbrecher aus eigenem Antriebe die nachtheiligen Folgen seiner That verhindert oder den dadurch verursachten Schaden ersetzt hat, so kann nach Ermessen des Richters die gesetzliche Strafe bis auf das im §. 58. bestimmte Maaß gemildert werden.

Ein Gleiches findet statt, wenn der Verbrecher, bevor er wegen der That von einer Behörde zur Verantwortung gezogen war, sich freiwillig selbst angegeben hat, und die That unter Umständen verübt war, nach welchen der Thäter ohne die Selbstangabe muthmaßlich unentdeckt geblieben wäre.

§. 115.

Die Strafe kann nach Befinden der Umstände bis auf das im §. 55. bestimmte Maaß gemildert werden, wenn der Verbrecher bei der That auf Befehl oder im Auftrag einer Person gehandelt hat, welcher er im Allgemeinen Gehorsam oder besondere Ehrerbietung schuldig war.

3. Befehl zur Verübung der That.

§. 116.

Eben diese Vorschrift (§. 115.) findet Anwendung, wenn der Thäter durch äußere Gewalt oder Drohungen, welche die Zurechnung an sich nicht aufheben (§. 83.), zu der Handlung bestimmt worden ist.

4. Aeußere Gewalt oder Drohung.

§. 117.

Bei Verbrechen, welche im Auslande von Ausländern verübt worden sind, kann die Strafe mit Rücksicht auf das am Orte der That geltende gelindere Strafgesetz gemildert werden, wenn das Verbrechen nicht gegen den Preußischen Staat und nicht gegen einen Preußischen Unterthan verübt worden ist.

5. Gelindere Strafbestimmung des auswärtigen Gesetzes.

§. 118.

Wenn mehrere strafbare Handlungen derselben Art nur als ein fortgesetztes Verbrechen anzusehen sind, so bewirkt dieses Zusammentreffen nur eine Steigerung der Strafe bei deren Zumessung (§§. 106—109.)

B. Schärfungsgründe.

1. Zusammentreffen mehrerer Verbrechen.

§. 119.

Sind durch eine und dieselbe Handlung mehrere Strafgesetze übertreten, so soll nur die Strafe des schwersten Verbrechens angewandt, bei deren Zumessung aber (§§. 106—109.) das Zusammentreffen der mehreren Verbrechen berücksichtigt werden.

§. 120.

Hat aber der Verbrecher durch mehrere Handlungen mehrere für sich bestehende Verbrechen verübt, so ist gegen ihn auf sämmtliche dadurch verwirkte Strafen zu erkennen; wenn aber deren Verbindung nicht möglich ist, nur auf die schwerste dieser Strafen und auf diejenigen, welche mit der schwersten vereinbar sind.

§. 121.

Treffen mehrere zeitige Freiheitsstrafen zusammen, so sind mit Berücksichtigung der Vorschrift des §. 20. folgende Grundsätze zu beobachten:

1. sind die Freiheitsstrafen von verschiedener Art, so ist unter verhältnißmäßiger Verkürzung ihrer Gesammtdauer (§. 46.) auf die schwerste dieser Strafen zu erkennen;
2. sind diese Strafen von gleicher Art, so ist in der Regel auf ihre Gesammtdauer zu erkennen; doch sollen
3. Gefängnißstrafen von mehr als einem Jahre unter verhältnißmäßiger Verkürzung ihrer Gesammtdauer (§. 46.) in Strafarbeit verwandelt werden.

§. 122.

Die im §. 121. vorgeschriebenen Bestimmungen finden auch dann Anwendung, wenn ein Verbrecher durch verschiedene Erkenntnisse zu Freiheitsstrafen verurtheilt worden ist, welche gleichzeitig zur Vollstreckung kommen, oder wenn er während der Verbüßung einer Freiheitsstrafe ein Verbrechen begeht, welches nicht blos nach der Hausordnung disziplinarisch zu ahnden, sondern anderweitig mit einer Freiheitsstrafe zu belegen ist.

§. 123.

Wenn Jemand, nachdem er wegen eines Verbrechens
2. Rückfall. im In- oder Auslande rechtskräftig verurtheilt worden, sich eines gleichartigen Verbrechens schuldig macht, so befindet er sich im Rückfalle, und es soll alsdann die sonst verwirkte Strafe jederzeit geschärft werden. Diese Verschärfung darf aber, in sofern nicht bei einzelnen Verbrechen ein

Anderes bestimmt ist, das höchste gesetzliche Strafmaaß des zuletzt begangenen Verbrechens nicht um mehr als die Hälfte und niemals die im §. 20. bestimmte Dauer übersteigen.

§. 124.

Als gleichartig sind, außer den gleichnamigen Verbrechen, Diebstahl, Unterschlagung, Raub, Hehlerei, Erpressung, Betrug, Münzverbrechen und Urkundenfälschung zu betrachten.

§. 125.

Die Strafe des Rückfalls ist auch dann verwirkt, wenn das frühere oder gegenwärtige Verbrechen, oder das eine wie das andere, kein vollendetes, sondern nur ein versuchtes, oder der Verbrecher nicht als Urheber, sondern nur als Gehülfe zu betrachten ist.

§. 126.

Wird von einem zur lebenswierigen Freiheitsstrafe verurtheilten Verbrecher von neuem ein mit Freiheitsstrafe bedrohtes Verbrechen verübt, so soll statt der letztern darauf erkannt werden, daß der Verbrecher mit denjenigen Strafmitteln zu belegen ist, welche nach der Hausordnung der Strafanstalt gestattet sind. Die nähere Bestimmung hierüber hat der Richter der Behörde der Strafanstalt zu überlassen.

Zweiter Titel.

Von Polizei-Vergehen.

§. 127.

Als Polizei-Vergehen (Kontraventionen) sind nur solche Handlungen oder Unterlassungen zu bestrafen, welche Gesetze oder besondere obrigkeitliche Verordnungen dafür erklären.

§. 128.

Den polizeilichen Gesetzen, Vorschriften und Anordnungen sind Alle, welche sich im Lande aufhalten, ohne Unterschied, ob sie Inländer oder Ausländer sind, in gleichem Maaße unterworfen.

§. 129.

Die von Inländern oder Ausländern im Auslande begangenen Polizei-Vergehen werden diesseits nur dann bestraft, wenn besondere Gesetze oder Staatsverträge dies vorschreiben.

§. 130.

Die Strafen der Polizei-Vergehen sind, in sofern nicht in besondern Gesetzen ein Anderes bestimmt ist:

1. Verweis,
2. Geldbuße bis zu funfzig Thalern,
3. Gefängnißstrafe bis zu sechs Wochen,
4. körperliche Züchtigung,
5. Konfiskation einzelner Gegenstände.

§. 131.

Die körperliche Züchtigung ist nur zulässig in Fällen eines groben öffentlichen Unfugs und in denjenigen Fällen, in welchen sie durch allgemeine oder besondere Verordnungen ausdrücklich gestattet ist. Sie darf die Anzahl von zwanzig Hieben nicht übersteigen.

§. 132.

Zur polizeilichen Strafbarkeit einer Handlung genügt deren Verbot, und ist die ausdrückliche Androhung einer Strafe nicht erforderlich.

§. 133.

Ist ein Polizei-Vergehen nicht mit einer bestimmten Strafe bedroht, sondern das Verbot entweder ohne alle Erwähnung einer Strafe, oder ohne nähere Bestimmung des Strafmaaßes erlassen worden, so kann nur Geldbuße bis zu fünf Thalern oder Gefängniß bis zur Dauer Einer Woche eintreten.

§. 134.

Die Strafe, mit welcher das Polizei-Vergehen bedrohet ist, tritt ein ohne Unterschied, ob dasselbe vorsätzlich oder fahrlässig verübt worden, ob der Kontravenient Urheber oder Gehülfe ist. Jedoch sind diese Umstände, wenn die Strafe nach einem höhern oder niedern Grade festgestellt ist, bei Zumessung derselben zu berücksichtigen.

§. 135.

Der bloße Versuch eines Polizei-Vergehens ist nicht strafbar.

§. 136.

Die Unterlassung der Anzeige beabsichtigter oder bereits verübter Polizei-Vergehen ist nur dann strafbar, wenn eine solche Anzeige in einzelnen Fällen besonders vorgeschrieben ist.

§. 137.

Ist ein Polizei-Vergehen auf Befehl desjenigen, welchem der Uebertreter im Allgemeinen zu gehorchen verpflichtet war, verübt worden, so bleibt dem Ermessen der Behörde überlassen, in wiefern der Uebertreter zu bestrafen ist, oder nicht. Dagegen wird der Befehlende stets mit der vollen Strafe des Polizei-Vergehens belegt.

§. 138.

Die Verjährungsfrist für Polizei-Vergehen ist sechs Monate.

§. 139.

Der Rückfall ist, wo nicht ein Anderes ausdrücklich bestimmt ist, nur als Zumessungsgrund zu berücksichtigen.

§. 140.

Soweit nicht vorstehend (§. 127. u. f.) ein Anderes bestimmt worden, finden die Vorschriften des ersten Titels auch auf Polizei-Vergehen Anwendung.

Zweiter Theil.

Von den einzelnen Verbrechen und deren Strafen.

Erster Titel.

H o c h v e r r a t h.

---

§. 141.

Des Hochverraths macht sich ein Preußischer Unterthan schuldig, welcher es unternimmt,

1. das Leben oder die Freiheit des Königs zu gefährden,
2. das Königliche Haus, den König oder den Thronfolger zu verdrängen, oder die Thronfolge zu verändern,
3. das Staatsgebiet ganz oder theilweise der Herrschaft des Königs zu entziehen, oder
4. die Staatsverfassung gewaltsam zu ändern.

§. 142.

Auch derjenige Preußische Unterthan begeht einen Hochverrath, welcher es unternimmt, auf gewaltsame Weise den Deutschen Bund aufzulösen, die Bundes-Verfassung zu ändern, oder das Bundesgebiet zu verkleinern.

§. 143.

Das Verbrechen (§§. 141. u. 142.) ist als vollendet anzusehen, wenn

a) zu dessen Verübung ein Angriff erfolgt, d. h. eine solche Handlung, durch welche das verbrecherische Vorhaben unmittelbar zur Ausführung gelangen sollte, unternommen, oder

b) der Angriff (litt. a.) mit einer oder mehreren Personen bereits verabredet worden ist.

§. 144.

Der Hochverräther hat die Todesstrafe und in dem Falle des §. 141. No. 1. geschärfte Todesstrafe verwirkt.

Ist es jedoch in dem Falle des §. 143. litt. b. noch nicht zur Unternehmung des verabredeten Angriffs gekommen, so tritt gegen diejenigen Theilnehmer, welche nicht zu den Anstiftern oder Rädelsführern gehören, zehnjährige bis lebenswierige Zuchthausstrafe ein.

§. 145.

Wer öffentlich durch Rede oder Schrift zu einem hochverrätherischem Angriffe auffordert, ist, wenn diese Aufforderung die Unternehmung des Angriffs nicht zur Folge hat und auch nicht in Folge einer Verabredung (§. 143. litt. b.) geschehen ist, mit zehnjähriger bis lebenswieriger Zuchthausstrafe zu belegen.

§. 146.

Eben diese Strafe (§. 145.) hat derjenige verwirkt, welcher zur Vorbereitung eines Hochverraths, wenn dieses Verbrechen nicht zur Vollendung gekommen ist (§. 143.), mit einer auswärtigen Macht sich eingelassen, die ihm vom Staate anvertraute Gewalt gemißbraucht, ein Komplott gestiftet, Mannschaften angeworben oder eingeübt, oder Waffen oder andere Mittel zum Angriff aufgesammelt hat.

§. 147.

Wer außer den Fällen der §§. 145. und 146. in hochverrätherischer Absicht Handlungen, die als Vorbereitung eines Hochverraths anzusehen sind, begeht, wird, wenn dieses Verbrechen nicht zur Vollendung gekommen ist, mit Zuchthausstrafe bis zu zehn Jahren belegt.

§. 148.

Gegen diejenigen, welche wegen eines hochverrätherischen

Unternehmens (§§. 141. bis 147.) zu zeitiger Zuchthausstrafe verurtheilt worden sind, tritt nach deren Abbüßung die Stellung unter Polizeiaufsicht ein (§§. 39. u. f.).

§. 149.

Die Verurtheilung wegen eines hochverrätherischen Unternehmens (§§. 141. bis 147.) zur Todes- oder lebenswierigen Zuchthausstrafe zieht den Verlust der Fähigkeit des Verurtheilten, über sein Vermögen unter Lebenden oder von Todeswegen zu verfügen, und zugleich die Ungültigkeit nicht nur aller nach Eröffnung der Untersuchung getroffenen Verfügungen, sondern auch der schon früher errichteten letztwilligen Verordnungen nach sich.

§. 150.

Bei der Eröffnung einer Untersuchung wegen eines hochverrätherischen Unternehmens (§§. 141 — 147.) ist eine Kuratel über das Vermögen, welches der Angeschuldigte bereits besitzt, oder welches ihm späterhin noch anfällt, anzuordnen.

§. 151.

Hat ein Angeschuldigter sich der Bestrafung durch die Flucht entzogen, so bleibt diese Kuratel (§. 150.) gegen ihn fortbestehen, auch wenn nur auf zeitige Zuchthausstrafe erkannt worden ist. Alle Verfügungen, welche der flüchtige Verbrecher nach Eröffnung der Untersuchung über sein Vermögen unter den Lebenden getroffen hat, sind ungültig; seine letztwilligen Verordnungen, sie mögen vor oder nach Eröffnung der Untersuchung errichtet seyn, haben keine rechtliche Wirkung, wenn er im flüchtigen Zustande verstirbt.

§. 152.

Bei unterlassener Hinderung eines hochverrätherischen Unternehmens finden die Vorschriften der §§. 75. und 76. mit der Maaßgabe Anwendung:

1. daß nicht auf Geldbuße erkannt werden darf,
2. daß bei der vorsätzlich unterlassenen Hinderung auf den Verlust der Ehrenrechte (§. 33) zu erkennen ist, und
3. in dem zweiten Falle des §. 73. Gefängnißstrafe oder Strafarbeit bis zu zwei Jahren eintritt.

§. 153.

Jeder Mitschuldige an einem hochverrätherischen Unternehmen, welcher zu einer Zeit, in welcher der Ausführung desselben noch vorgebeugt werden kann, der von diesem Unternehmen anderweitig noch nicht unterrichteten Obrigkeit vollständige Anzeige macht und seine Mitschuldigen angiebt, soll mit Strafe verschont werden.

§. 154.

Ausländer, welche einer der in den §§. 141—147. bezeichneten Handlungen innerhalb oder außerhalb des Preußischen Staats oder des im §. 152. bezeichneten Verbrechens während ihres Aufenthalts im Preußischen Staate sich schuldig machen, sollen gleichfalls mit den in den §§. 141—152. verordneten Strafen belegt werden.

Zweiter Titel.

Landesverrath.

§. 155.

Ein Preußischer Unterthan, welcher, ohne hochverrätherischen Zweck, mit einer fremden Macht sich einläßt, um dieselbe zu einem Kriege gegen den Preußischen Staat oder den deutschen Bund zu veranlassen, begeht einen Landesverrath, und hat, wenn der Krieg wirklich ausgebrochen ist, die Todesstrafe, sonst aber zehnjährige bis lebenswierige Zuchthausstrafe verwirkt.

§. 156.

Preußische Unterthanen, welche, während eines gegen den Preußischen Staat oder den deutschen Bund ausgebrochenen Krieges, Dienste im feindlichen Heere nehmen, oder, wenn sie schon früher im Kriegsdienste einer fremden Macht standen, darin nach Ausbruch des Krieges mit derselben, der ergangenen Aufforderung zuwider, verbleiben und die Waffen gegen den König und dessen Bundesgenossen tragen, sind als Landesverräther mit dem Tode zu bestrafen.

§. 157.

Als Landesverräther sind gleichfalls mit dem Tode zu bestrafen, diejenigen Preußischen Unterthanen, welche während eines gegen den Preußischen Staat oder den deutschen Bund ausgebrochenen Krieges

1. Festungen, Pässe, besetzte Plätze oder andere Vertheidigungsposten, imgleichen Königliche oder verbündete Truppen, oder auch nur einzelne Offiziere oder Soldaten durch Verrath in feindliche Gewalt bringen,
2. Zeughäuser, Magazine, Kassen oder andere dem Staate oder seinen Bundesgenossen gehörige Vorräthe von Waffen, Munition oder sonstigen Kriegsbedürfnissen an den Feind verrathen,
3. dem Feinde Mannschaften zuführen,
4. Soldaten zum Uebergange zum Feinde verleiten,
5. Operationsplane oder Plane von Festungen oder festen Stellungen dem Feinde verrathen,
6. dem Feinde als Spion dienen oder feindliche Spione zur Beförderung ihrer Absichten aufnehmen, verbergen oder ihnen sonst Beistand leisten.

In den Fällen No. 1. und 2. soll der beendigte Versuch (§. 58.) dem vollendeten Verbrechen gleich geachtet werden.

§. 158.

Ein Preußischer Unterthan, welcher während eines gegen den Preußischen Staat oder den deutschen Bund ausgebrochenen Krieges dem Feinde freiwillig als Lieferant dient oder eine andere Handlung begeht, von der er weiß, daß dadurch die Unternehmungen des Feindes befördert, oder den Truppen des Königs oder dessen Bundesgenossen bei ihren Operationen Hindernisse in den Weg gelegt oder Nachtheile zugefügt werden, hat fünfjährige bis lebenswierige Zuchthausstrafe verwirkt.

Besteht aber diese Handlung darin, daß er

1. dem Feinde Wege oder Fuhrten, welche demselben unbekannt waren, nachweist,
2. Festungswerke, Zeughäuser, Magazine oder andere dem Staate oder seinen Bundesgenossen zugehörige Vorräthe von Waffen, Munition oder sonstigen Kriegsbedürfnissen zerstört oder verdirbt, oder
3. einen Aufstand unter den Truppen des Königs oder dessen Bundesgenossen erregt,

so trifft ihn als Landesverräther die Todesstrafe.

§. 159.

Gegen Ausländer ist wegen der in den §§. 155. 157. und 158. bezeichneten Handlungen nach dem Kriegsgebrauche zu verfahren. — Begehen sie aber solche Handlungen, während sie unter dem Schutze des Preußischen Staats in dessen Gebiete sich aufhalten, so sind sie mit den in den vorangeführten §§. bestimmten Strafen zu belegen.

§. 160.

Die Bestimmungen der §§. 148—153. finden auch auf Landesverräther Anwendung.

§. 161.

Wer ohne obrigkeitliche Erlaubniß zur Kriegszeit Rei- Polizeiliche Vorschriften.

sen in die von Feinden besetzten Länder unternimmt, oder nach solchen Ländern einen Briefwechsel in Chiffern oder andern geheimen Zeichen, oder auf andern Wegen, als durch die öffentlichen Posten, unterhält, hat Geldbuße bis zu funfzig Thalern oder Gefängnißstrafe bis zu sechs Wochen verwirkt.

§. 162.

Niemand soll bei Vermeidung der im §. 161. bestimmten Strafe ohne besondere Erlaubniß Risse von Festungen oder einzelnen Festungswerken aufnehmen.

§. 163.

Wer außer seinem Gewerbsbetriebe ohne Erlaubniß der Obrigkeit Vorräthe von Waffen oder Munition aufsammelt, hat Konfiskation dieser Vorräthe und die im §. 161. bestimmte Strafe zu gewärtigen.

Dritter Titel.

Beleidigungen der Majestät und der Mitglieder des Königlichen Hauses.

§. 164.

1. Majestätsbeleidigung.

Wer den König thätlich beleidigt, wird mit dem Tode bestraft; in minder schweren Fällen oder bei mildernden Umständen kann jedoch, anstatt der Todesstrafe, auf zehnjährige bis lebenswierige Strafarbeit oder Zuchthausstrafe erkannt werden.

§. 165.

Gegen denjenigen, welcher den König mit einer thätlichen Beleidigung bedroht, soll Strafarbeit oder Zuchthausstrafe von zwei bis zu zehn Jahren eintreten.

§. 166.

Wer durch Aeußerungen in Wort oder Schrift, oder durch andere Handlungen, welche nicht in Thätlichkeiten bestehen, als Abbildungen, Darstellungen u. s. w. die Ehre des Königs angreift, hat Strafarbeit von sechs Monaten bis zu fünf Jahren verwirkt.

§. 167.

Wer sich dergleichen Aeußerungen oder Handlungen (§. 166.) erlaubt, welche zwar an sich nicht als Beleidigungen des Königs anzusehen sind, dennoch aber die demselben gebührende Ehrfurcht verletzen, ist mit Gefängnißstrafe nicht unter sechs Wochen zu belegen.

§. 168.

2. Beleidigungen der Mitglieder des Königlichen Hauses.

Beleidungen, welche der Königin, dem Thronfolger oder einem andern Mitgliede des Königlichen Hauses zugefügt sind, werden bestraft:

1) In dem Falle des §. 164. mit fünfjähriger bis lebenswieriger Strafarbeit oder Zuchthausstrafe,
2) in dem Falle des §. 165. mit ein- bis fünfjähriger Strafarbeit oder Zuchthausstrafe und
3) in den Fällen des §. 166. mit Gefängniß nicht unter drei Monaten, oder mit Strafarbeit bis zu drei Jahren.

§. 169.

In den Fällen der §§. 164. 165. und 168. No. 1. und 2. tritt, auch wenn nur auf Strafarbeit erkannt worden, zugleich der Verlust der Ehrenrechte (§. 33.) ein; in den Fällen der §§. 166. und 168. No. 3. kann auf diesen Verlust nach richterlichem Ermessen erkannt werden.

§. 170.

Die Strafen der §§. 166. 167. 168. No. 3. und 169. finden auch gegen denjenigen Anwendung, welcher vorsätzlich Schriften, Abbilduugen oder Darstellungen der erwähnten Art anfertigt oder verbreitet.

Sämmtliche Exemplare solcher Schriften, Abbildungen oder Darstellungen, sowie die Platten und Formen, mit denen dieselben angefertigt worden, sind in Beschlag zu nehmen und nach Vorschrift der §§. 277. und 278. zu vernichten.

Der §. 276. findet hier gleichfalls Anwendung.

§. 171.

Gegen denjenigen, welcher sein Gewerbe zur Anfertigung oder Verbreitung solcher Schriften, Abbildungen oder Darstellungen mißbraucht, kann zugleich auf zeitweise oder immerwährende Entziehung der Befugniß zum Betriebe des gemißbrauchten Gewerbes (§. 32.) erkannt werden; im Rückfall soll dies jederzeit geschehen.

§. 172.

Angriffe auf die Ehre verstorbener Mitglieder des Königlichen Hauses sind mit Gefängnißstrafe oder Strafarbeit bis zu zwei Jahren zu ahnden. Die Untersuchung darf jedoch nur mit Genehmigung des Justizministers eingeleitet werden.

Vierter Titel.

Gefährdung des Preußischen Staats in seinen Verhältnissen zu anderen Staaten.

§. 173.

1. Verrath. Wer mit Verletzung seiner Unterthanen- oder Dienstpflicht vorsätzlich

1. zur Gefährdung der Rechte des Staats im Verhältniß zu einer fremden Macht die darüber sprechenden Urkunden und Beweismittel vernichtet, verfälscht oder unterdrückt,
2. einer fremden Macht Staatsgeheimnisse offenbart, ihr Festungspläne oder solche Urkunden, Aktenstücke oder

Nachrichten mittheilt, von denen er wußte, daß das Wohl des Staats deren Geheimhaltung erfordere, oder

3. ein ihm aufgetragenes Staatsgeschäft mit einer fremden Macht zum Nachtheil des Preußischen Staats, führt,

soll, sofern nicht etwa ein Hoch- oder Landesverrath dadurch bezweckt worden, mit fünf- bis zwanzigjähriger Zuchthausstrafe bestraft und unter Polizeiaufsicht (§§. 39. u. f.) gestellt werden.

Eben diese Strafen treffen denjenigen, welcher einer der vorstehend bezeichneten Handlungen gegen den deutschen Bund sich schuldig macht.

§. 174.

2. Unbefugte Auswanderung und Verleitung zur Auswanderung und Desertion.

Wer auswandert, ohne die darüber bestehenden Vorschriften zu beachten, hat eine Geldbuße bis zu Einhundert Thalern verwirkt.

§. 175.

Wer es sich zum Geschäft macht, Unterthanen zur Auswanderung zu verleiten, soll mit Gefängniß nicht unter einem Monat oder mit Strafarbeit bis zu zwei Jahren bestraft werden.

§. 176.

Eben diese Strafe hat derjenige verwirkt, welcher Vorsteher, Gehülfen oder Arbeiter inländischer Fabriken verleitet, vor Ablauf der Kontraktszeit den Dienst ihrer Fabrikherren zu verlassen und in den Dienst ausländischer Fabrikherren überzugehen.

§. 177.

Wer die Königlichen Lande verläßt, um sich der Pflicht zum Eintritt in den Dienst des stehenden Heeres zu entziehen, den trifft, vorbehaltlich der zu erfüllenden Dienstpflicht, eine Geldbuße von funfzig bis zu Eintausend Thalern, oder Gefängnißstrafe nicht unter Einem Monat oder Strafarbeit bis zu Einem Jahre.

Außerdem verliert er, bis er sich wieder gestellt, die Befugniß, über sein Vermögen letztwillig oder unter Lebenden zu verfügen, und es finden hiebei überall die Vorschriften der §§. 150. und 151. Anwendung.

§. 178.

Wer Unterthanen zum Militairdienste fremder Mächte anwirbt oder sie den Werbern der letztern zuführt, ist, in sofern dadurch nicht ein Landesverrath begangen wird (§. 157. No. 3.), mit Strafarbeit von sechs Monaten bis zu drei Jahren zu belegen.

§. 179.

Wer einen Soldaten vorsätzlich zur Desertion verleitet, oder ihm dazu beförderlich ist, hat, in sofern nicht diese Handlung als Landesverrath einer strengeren Strafe unterliegt (§. 157. No. 4.), sechsmonatliche bis zweijährige, und in dem Falle des §. 178. ein- bis fünfjährige Strafarbeit oder Zuchthausstrafe verwirkt.

Auch kann neben der Strafarbeit zugleich auf den Verlust der Ehrenrechte (§. 33.) erkannt werden.

§. 180.

3. Feindliche Handlungen gegen befreundete Staaten und Beleidigungen auswärtiger Regenten ꝛc.

Wenn ein Preußischer Unterthan im In- oder Auslande, oder ein Ausländer während seines Aufenthalts im Preußischen Staate, gegen einen, mit letzterm in Frieden befindlichen Staat oder dessen Regenten einer Handlung sich schuldig gemacht hat, welche, wenn er sie gegen den König oder den Preußischen Staat verübt hätte, als ein hochverrätherisches Unternehmen (§§. 141—147.) oder als ein Landesverrath (§§. 155—158.) anzusehen seyn würde, so soll er, in sofern er nicht durch seine Handlung nach diesseitigen Gesetzen eine schwerere Strafe verwirkt hat, mit

Strafarbeit oder Zuchthausstrafe bis zu zehn Jahren belegt werden.

Die Einleitung der Untersuchung kann jedoch nur mit Genehmigung des Justizministers erfolgen.

§. 181.

Wer gegen einen auswärtigen Regenten oder dessen Familienglieder einer Beleidigung sich schuldig macht, soll,

1. wenn die Beleidigung in Thätlichkeiten gegen die Person bestand, mit Gefängniß nicht unter sechs Monaten oder mit Strafarbeit bis zu fünf Jahren,
2. in anderen Fällen mit Gefängniß nicht unter zwei Monaten oder mit Strafarbeit bis zu drei Jahren

bestraft werden.

§. 182.

Beleidigungen der bei dem Königlichen Hofe beglaubigten Gesandten sind,

1. wenn sie in Thätlichkeiten gegen die Person bestanden, mit Gefängniß nicht unter drei Monaten oder mit Strafarbeit bis zu drei Jahren,
2. in anderen Fällen mit Gefängniß nicht unter einem Monate oder mit Strafarbeit bis zu zwei Jahren

zu ahnden.

Fünfter Titel.

Verletzung der Achtung gegen die Regierung und die Obrigkeit.

§. 183.

Verletzung der Achtung gegen die Regierung.

Wer öffentlich, in Worten, Schriften, Abbildungen oder Darstellungen, den Staat, dessen Verfassung, Einrichtung oder Verwaltung, es sey im Ganzen oder in einzelnen Zweigen, durch Erdichtungen oder durch Entstellungen der

Wahrheit, durch Schmähungen oder Spott herabzuwürdigen sucht, hat Gefängniß nicht unter drei Monaten oder Strafarbeit bis zu drei Jahren verwirkt.

Die Vorschriften der §§. 170. und 171. kommen hier gleichfalls zur Anwendung.

§. 184.

Die Bestimmung des §. 183. findet auch gegen denjenigen statt, welcher eine der im §. 183. bezeichneten Handlungen gegen den deutschen Bund oder einen der deutschen Bundesstaaten begeht.

§. 185.

Verletzung der Amts- und Dienstehre.

Bei Beleidigungen, welche gegen öffentliche Behörden oder Beamte oder gegen Militairpersonen, während ihrer Dienstverrichtungen oder in Beziehung auf ihre Dienstverrichtungen oder ihr Dienstverhältniß verübt werden, ist die durch die Beleidigung nach den Vorschriften der §§. 258. u. f. verwirkte Strafe jederzeit zu verschärfen, und wo nach jenen Vorschriften Geldbuße oder Gefängnißstrafe stattfindet, stets auf letztere zu erkennen; die Verschärfung darf aber das daselbst bestimmte höchste Strafmaaß nicht um mehr als die Hälfte übersteigen.

Die Strafe ist besonders dann zu verschärfen, wenn die Beleidigung gegen eine Wache verübt worden ist.

§. 186.

Diese Bestimmungen (§. 185.) finden auch Anwendung auf Beleidigungen

1. gegen Geistliche, in sofern nicht die härteren Strafen der §§. 241. und 242. eintreten, und
2. gegen ständische oder Kommunal-Versammlungen.

§. 187.

Wegen Verletzungen der Amts- oder Dienstehre (§§. 185. und 186.) findet die Bestrafung nur statt, wenn der

Beleidigte oder die Dienstbehörde darauf anträgt. Der Antrag kann so lange, als das Erkenntniß erster Instanz noch nicht publizirt ist, zurückgenommen werden, von dem Beleidigten jedoch nur mit Genehmigung der Dienstbehörde.

Bei dergleichen Beleidigungen gegen Militairpersonen steht der Antrag auf Bestrafung, so wie die Befugniß zu dessen Zurücknahme nur der vorgesetzten Dienst-Behörde zu.

Ist eine solche Beleidigung gegen eine der obersten Staatsbehörden oder deren Chef verübt worden, so schreiten die Gerichte von Amtswegen ein; sie müssen jedoch vor Eröffnung der Untersuchung die Genehmigung des Justizministers einholen.

§. 188.

Wer in Eingaben an die Obrigkeit Lügen vorbringt, hat eine Geldbuße bis zu funfzig Thalern oder Gefängnißstrafe bis zu sechs Wochen verwirkt. Polizeiliche Vorschrift.

Eben diese Strafe trifft denjenigen, welcher für Andere eine solche Schrift anfertigt, ungeachtet ihm bekannt war, daß sie eine Lüge enthalte.

Sechster Titel.

Verbrechen gegen die obrigkeitliche Gewalt.

§. 189.

Wer die zur öffentlichen Bekanntmachung angeschlagenen Verordnungen, Befehle, Patente oder Anzeigen der Obrigkeit vorsätzlich abreißt, beschädigt, befleckt oder verunstaltet, soll, wenn er dabei die Absicht hatte, der Obrigkeit Verachtung zu beweisen, oder das Bekanntwerden oder die Befolgung der obrigkeitlichen Anordnungen zu verhindern, mit Gefängniß nicht unter sechs Wochen oder Strafarbeit bis zu achtzehn Monaten belegt werden. 1. Abreißung obrigkeitlicher Patente, Siegel rc.

§. 190.

Wer ein obrigkeitliches Siegel, welches angelegt ist, um Sachen zu verschließen, zu bezeichnen oder in Beschlag zu nehmen, unbefugterweise und vorsätzlich erbricht, ablöset oder beschädigt, hat, sofern nicht in einzelnen Fällen ein Anderes bestimmt ist, Gefängnißstrafe verwirkt.

§. 191.

II. Unerlaubte Selbsthülfe.

Selbsthülfe ist, außer den in den Gesetzen besonders bestimmten Fällen, nur erlaubt:

1. zum Schutze gegen eigenmächtige Störungen des Besitzes oder der Gewahrsam;
2. zur Wiedererlangung des Besitzes oder der Gewahrsam gegen denjenigen, welcher sich einer Sache gewaltsam, heimlich oder listiger Weise bemächtigt hat, wenn derselbe auf frischer That betroffen wird, oder die Hülfe der Obrigkeit wahrscheinlich zu spät kommen würde; und
3. zur Vertreibung desjenigen, welcher unbefugter Weise in das Besitzthum eines Andern eindringt oder gegen dessen erklärten Willen darin verweilt.

Die Selbsthülfe darf jedoch nicht weiter gehen, als ihr Zweck erfordert; auch dürfen zur Wiedererlangung des Besitzes unerheblicher Vermögensstücke keine gewaltsamen, dem Leben oder der Gesundheit gefährlichen Mittel angewandt werden.

§. 192.

Unerlaubte Selbsthülfe zieht Geldbuße bis zu Einhundert Thalern oder Gefängnißstrafe bis zu drei Monaten nach sich. Ist die Selbsthülfe einer bereits ergangenen obrigkeitlichen Verfügung zuwider verübt worden, so tritt Gefängnißstrafe nicht unter vierzehn Tagen oder Strafarbeit bis zu einem Jahre ein. In beiden Fällen kann die Strafe bis zur Verdoppelung geschärft werden, wenn die Selbsthülfe von Mehreren vereint ausgeübt worden ist.

Werden bei der Selbsthülfe Gewaltthätigkeiten gegen Personen oder vorsätzliche und rechtswidrige Beschädigungen an Sachen begangen, so treten die Vorschriften wegen zusammentreffender Verbrechen (§§. 118. u. folg.) ein.

§. 193.

Wer vorsätzlich einen Gefangenen aus der Gewalt der Obrigkeit befreit oder demselben zu seiner Befreiung Mittel oder Gelegenheit verschafft hat, soll mit Gefängnißstrafe nicht unter einem Monat oder mit Strafarbeit bis zu fünf Jahren belegt werden. III. Befreiung eines Gefangenen.

Die Strafe ist bei der Zumessung zu erhöhen, wenn der Gefangene ein für die öffentliche Sicherheit gefährlicher Verbrecher war, oder die Befreiung mit Gewalt geschah.

§. 194.

Wer wissentlich einen wegen Hoch- oder Landesverraths angeklagten oder verurtheilten Gefangenen befreit, oder dessen Entweichung befördert, soll mit Strafarbeit oder Zuchthaus von fünf bis zu zehn Jahren belegt und unter Polizeiaufsicht (§. 39. u. f.) gestellt werden.

Auch kann neben der Strafarbeit zugleich auf den Verlust der Ehrenrechte (§. 33.) erkannt werden.

§. 195.

Hat Jemand, dem die Aufbewahrung oder Bewachung eines Gefangenen anvertraut ist, dessen Befreiung bewirkt oder befördert, so ist derselbe,

1. wenn dies vorsätzlich geschehen ist, mit den in den §§. 193. und 194. bestimmten, den Umständen nach bis zur Verdoppelung zu schärfenden Strafen,
2. wenn ihm aber nur Fahrlässigkeit dabei zur Last fällt, mit Gefängniß bis zu sechs Monaten

zu belegen.

Gegen öffentliche Beamte tritt zugleich in dem erstern

Falle Kassation ein; in dem zweiten Falle kann, den Umständen nach, zugleich auf Amtsentsetzung erkannt werden.

§. 196.

Haben zwei oder mehrere Gefangene ihre Befreiung mittelst gegenseitiger Unterstützung bewirkt, so trifft sie die Strafe des §. 193. oder des §. 194.

§. 197.

Wenn sich mehrere Gefangene in einer Gefangen- oder Strafanstalt zum gewaltsamen Ausbrechen oder zu Gewaltthätigkeiten gegen die Aufseher oder gegen die Beamten zusammengerottet haben, so tritt gegen dieselben die Strafe des Aufruhrs nach näherer Vorschrift der §§. 205. und 206. ein.

§. 198.

IV. Rückkehr eines Verwiesenen.

Ausländer, welche durch richterliches Urtheil des Landes verwiesen sind und ohne Erlaubniß zurückkehren, haben Gefängnißstrafe nicht unter drei Monaten oder Strafarbeit bis zu einem Jahre und erneuerte Landesverweisung verwirkt; bei abermaliger unbefugter Rückkehr sollen sie mit Strafarbeit von sechs Monaten bis zu zwei Jahren belegt und wiederum des Landes verwiesen werden.

Die Hälfte dieser Freiheitsstrafen tritt ein, wenn ein Ausländer durch polizeiliche Verfügung des Landes verwiesen ist und ohne Erlaubniß zurückkehrt.

§. 199.

Wer auf den Grund eines richterlichen Urtheils aus einem Orte oder Bezirke verwiesen ist und ohne Erlaubniß dahin zurückkehrt, ist mit Gefängniß von sechs Wochen bis zu sechs Monaten zu bestrafen und auf's Neue aus diesem Orte oder Bezirke zu verweisen.

Im Rückfalle ist auf Strafarbeit bis zu einem Jahre zu erkennen.

§. 200.

Dieselben Freiheitsstrafen (§. 199.) treten ein, wenn ein unter die Aufsicht der Polizei Gestellter den Vorschriften des §. 41. No. 1. und 2. zuwiderhandelt.

§. 201.

Wer sich der Vollziehung obrigkeitlicher Anordnungen oder Befehle thätlich widersetzt, soll, V. Widersetzung gegen die Obrigkeit.

1. wenn er sich dabei an den mit der Vollziehung beauftragten Personen oder an denjenigen, welche zu deren Beistande zugezogen worden sind, vergreift oder dieselben dabei mit Thätlichkeiten bedrohet, mit Gefängniß nicht unter sechs Wochen oder mit Strafarbeit bis zu zwei Jahren,
2. wenn die Widersetzlichkeit nicht gegen die Person gerichtet war, mit Gefängnißstrafe bis zu drei Monaten oder Geldbuße bis zu einhundert Thalern bestraft werden.

Diese Bestimmungen finden auch Anwendung auf Widersetzlichkeiten gegen Schildwachen und kommandirte Militairpersonen.

In Ansehung der Widersetzlichkeiten bei Forst- und Jagdverbrechen, imgleichen gegen Zollbeamte verbleibt es bei den besonderen Vorschriften der Gesetze vom 31sten März 1837 und vom 23sten Januar 1838 §. 26.

§. 202.

Die unter No. 1. des §. 201. bestimmte Strafe ist auch gegen denjenigen zu verhängen, welcher durch Gewalt oder Drohungen obrigkeitliche Personen zu einer Amtshandlung zu nöthigen, oder von deren Ausführung abzuhalten sucht.

§. 203.

Das Verbrechen des Aufruhrs ist vorhanden, wenn mehrere Personen sich öffentlich zusammenrotten, um mit VI. Aufruhr.

vereinter Gewalt der Ausführung einer obrigkeitlichen Anordnung oder Verfügung sich zu widersetzen, oder von der Obrigkeit etwas zu erzwingen, oder an derselben Rache oder Gewalt zu verüben.

§. 204.

Wenn von den Zusammengerotteten noch keine Gewaltthaten verübt sind, und dieselben entweder aus eigenem Antriebe oder auf die Aufforderung oder den Befehl der obrigkeitlichen Beamten oder des Befehlshabers der bewaffneten Macht sogleich wieder auseinandergehen und zur Ordnung zurückkehren, so sollen nur die Anstifter und Rädelsführer mit Strafarbeit bis zu zwei Jahren bestraft werden.

§. 205.

Beharren die Zusammengerotteten, der Aufforderung oder des Befehls der obrigkeitlichen Beamten oder des Befehlshabers der bewaffneten Macht ungeachtet, in ihrem Ungehorsam, so sollen

1. die Anstifter und Rädelsführer, so wie diejenigen, welche bei dem Aufruhr als Anführer aufgetreten waren, mit Strafarbeit von zwei bis zu fünf Jahren,
2. diejenigen Theilnehmer, welche mit Schußwaffen versehen waren, mit Strafarbeit von einem bis zu drei Jahren,
3. die übrigen Theilnehmer mit Gefängniß nicht unter drei Monaten oder Strafarbeit bis zu zwei Jahren

bestraft werden.

§. 206.

Sind aber bei dem Aufruhr Gewaltthätigkeiten an Personen oder Sachen, insonderheit gegen obrigkeitliche Beamte oder gegen die bewaffnete Macht, verübt worden, so haben

1. die Anstifter und Rädelsführer, so wie diejenigen,

welche bei dem Aufruhr als Anführer aufgetreten sind, Strafarbeit oder Zuchthausstrafe von fünf bis zu zwanzig Jahren,

2. diejenigen Theilnehmer, welche mit Schußwaffen versehen waren, Strafarbeit oder Zuchthausstrafe von drei bis zu zehn Jahren,

3. die übrigen Theilnehmer Strafarbeit oder Zuchthausstrafe von einem bis zu fünf Jahren

verwirkt. Auch kann auf körperliche Züchtigung erkannt werden.

Außerdem kommen die Strafen der durch die Gewaltthaten verübten besondern Verbrechen gegen die Thäter derselben nach den Vorschriften der §§. 118. u. f. zur Anwendung.

§. 207.

In den Fällen der §§. 205. und 206. soll gegen die Anstifter, Rädelsführer und Anführer zugleich die Stellung unter Polizeiaufsicht (§§. 39. u. f.) eintreten; in wiefern solche auch gegen die sonstigen Theilnehmer an dem Aufruhr zu verhängen sei, hat der Richter nach den Umständen zu ermessen.

§. 208.

Bei Zumessung der in den §§. 204. bis 206. angedrohten Strafen ist auf die Veranlassung des Aufruhrs, und ob die Zusammenrottung mit Vorbedacht geschehen, oder plötzlich entstanden ist, ferner auf die Größe und Dauer der Gefahr für die öffentliche Sicherheit, auf die Schwere der dabei verübten Verbrechen, insbesondere auf die Zahl der Aufrührer, und ob dieselben mit andern, als Schußwaffen oder mit sonstigen gefährlichen Werkzeugen versehen waren oder nicht, Rücksicht zu nehmen.

§. 209.

Wer öffentlich durch Rede oder Schrift zu einem Aufruhr aufgefordert hat, ist, wenn diese Aufforderung das Verbrechen des Aufruhrs nicht zur Folge hatte, mit Strafarbeit bis zu zwei Jahren zu belegen.

§. 210.

Gegen Ausländer, welche der in den §§. 204. bis 206. und 209. bezeichneten Verbrechen sich schuldig machen, ist stets zugleich auf Landesverweisung zu erkennen.

§. 211.

VII. Tumult. Entsteht außer dem Falle des §. 203. ein öffentlicher Auflauf, und die dabei versammelte Menge geht auf den Befehl der obrigkeitlichen Beamten oder des Befehlshabers der bewaffneten Macht nicht sogleich auseinander, so sind die ungehorsam Verweilenden mit Gefängniß bis zu sechs Monaten zu bestrafen.

Haben die Tumultuanten Gewaltthaten an Personen und Sachen, jedoch noch keinen thätlichen Widerstand gegen die obrigkeitlichen Beamten oder die bewaffnete Macht verübt, so sollen

1. die Anstifter und Rädelsführer mit Strafarbeit von sechs Monaten bis zu fünf Jahren, und
2. die übrigen Theilnehmer mit Gefängniß nicht unter drei Monaten oder mit Strafarbeit bis zu zwei Jahren

belegt werden.

Außerdem kommen gegen die Urheber der Gewaltthaten die besonderen Strafen dieser Verbrechen nach Vorschrift der §§. 118. u. f. zur Anwendung.

Leisten die Tumultuanten einen thätlichen Widerstand gegen die obrigkeitlichen Beamten oder die bewaffnete Macht, so geht der Tumult in das Verbrechen des Aufruhrs über und wird nach den Vorschriften der §§. 205. bis 208. bestraft.

§. 212.

Wer bei einem Aufruhre oder Tumulte unter den zusammengerotteten Personen betroffen wird, hat die Vermuthung der Theilnahme an demselben gegen sich. Gemeinsame Bestimmungen.

§. 213.

Gegen diejenigen, welche in der Nähe eines Aufruhrs oder Tumults als Zuschauer verweilen und auf die von der Obrigkeit erfolgte Aufforderung sich nicht entfernen, tritt Gefängnißstrafe bis zu drei Monaten ein.

§. 214.

Wer bei Gelegenheit eines Aufruhrs oder Tumults, ohne jedoch hieran selbst Theil zu nehmen, mit Lärm verbundenen Unfug verübt, ist mit körperlicher Züchtigung oder mit Gefängniß bis zu drei Monaten zu bestrafen.

§. 215.

Bei dem Gesetze über die Aufrechthaltung der Mannszucht auf den Seeschiffen vom 31sten März 1841. behält es sein Bewenden.

§. 216.

Wer bei Volksversammlungen oder Volksfesten, es mögen dieselben erlaubte seyn oder nicht, öffentliche Reden hält, welche auf Veränderungen in der Verfassung des Preußischen Staats, des Deutschen Bundes oder Deutscher Bundesstaaten abzielen, ist mit Gefängniß bis zu sechs Monaten, und wer in dergleichen Volksversammlungen Adressen oder Beschlüsse solchen Inhalts in Vorschlag bringt und durch Unterschrift oder mündliche Beistimmung genehmigen läßt, mit Gefängniß nicht unter einem Monate zu bestrafen. VIII. Aufregung durch Reden und Adressen politischen Inhalts bei Volks-Versammlungen.

§. 217.

Außerordentliche Volksversammlungen oder Volksfeste, nämlich solche, welche bisher hinsichtlich der Zeit und des Orts weder üblich noch gestattet waren, dürfen, unter wel- Polizeiliche Vorschriften.

chem Namen und zu welchem Zweck es immer sey, ohne vorausgegangene Genehmigung der Obrigkeit nicht stattfinden.

Diejenigen, welche zu solchen von der Obrigkeit nicht genehmigten Versammlungen oder Festen durch Verabredungen oder Ausschreiben Anlaß geben, sind mit Geldbuße bis zu funfzig Thalern zu bestrafen.

§. 218.

Wer ohne polizeiliche Erlaubniß öffentliche Lustbarkeiten veranstaltet oder öffentlich ankündigt, oder auf Straßen oder öffentlichen Plätzen Gegenstände, welche die Neugierde erregen, zur Schau umherführt oder ausstellt, verfällt in eine Geldbuße bis zu funfzig Thalern.

§. 219.

Diejenigen, welche in Schankstuben oder an anderen dergleichen öffentlichen Vergnügungs-Orten zu einer von der Polizei verbotenen Zeit verweilen, ungeachtet sie zum Fortgehen aufgefordert worden sind, haben Geldbuße bis zu zwei Thalern, die Wirthe aber, welche solches dulden, Geldbuße bis zu zehn Thalern zu gewärtigen.

§. 220.

Wer durch ungebührliche Handlungen ruhestörenden Lärm erregt, ist mit Geldbuße bis zu zehn Thalern oder mit Gefängniß bis zu vierzehn Tagen oder körperlicher Züchtigung zu belegen.

Diese Strafe wird verdoppelt, wenn Mehrere vereint sich solcher Ruhestörungen schuldig machen.

§. 221.

Bei dem Ausbruche eines Aufruhrs oder Tumults und bis zu dessen Dämpfung müssen die Haus- und Dienstherrschaften die zu ihrem Hauswesen gehörigen Personen, so wie die Fabrikherren, Handeltreibenden und Meister ihre

Gehülfen, Gesellen, Lehrlinge und Arbeiter in den Wohnungen oder Werkstätten zurückhalten, und dürfen sie, wenn die Umstände eine Ausnahme nöthig machen, daraus nur unter Anwendung solcher Vorsichtsmaaßregeln entlassen, durch welche eine Vergrößerung des Zusammenlaufs möglichst vermieden wird.

Wer dieser Verpflichtung entgegenhandelt, hat Geldbuße bis zu funfzig Thalern oder Gefängnißstrafe bis zu sechs Wochen verwirkt. Eben diese Strafe trifft denjenigen, welcher sich den Anordnungen der Haus- oder Dienstherrschaft u. s. w. nicht fügt und ohne Erlaubniß sich entfernt.

§. 222.

Bei gleicher Strafe (§. 221.) müssen alle diejenigen, welche in der Gegend, wo ein Aufruhr oder Tumult stattfindet, geistige Getränke feil halten, die zu deren Verkauf oder Aufbewahrung bestimmten Räume verschließen und sich des Verkaufes dieser Getränke gänzlich enthalten.

§. 223.

Wer einer der im §. 189. bezeichneten Handlungen aus Muthwillen sich schuldig macht, ist mit Geldbuße bis zu funfzig Thalern oder Gefängniß bis zu 6 Wochen oder mit körperlicher Züchtigung zu bestrafen.

§. 224.

Wer Personen, zu deren Anzeige die Obrigkeit öffentlich aufgefordert hat, verheimlicht, oder deren Flucht befördert, ungeachtet er von der Aufforderung Kenntniß hat, soll, falls er nicht als Begünstiger eines Verbrechens eine höhere Strafe verwirkt hat, mit Geldbuße bis zu funfzig Thalern oder mit Gefängniß bis zu sechs Wochen belegt werden. Die Anwendung dieser Strafe bleibt jedoch in dem Falle des §. 74. ausgeschlossen.

§. 225.

Die Uebertretung der Bestimmung im §. 42. wird mit Gefängniß bis zu sechs Wochen bestraft.

Siebenter Titel.

Unerlaubte Verbindungen.

§. 226.

Wer an einer Verbindung Theil nimmt, zu deren Zwecken oder Beschäftigungen es gehört, über Veränderungen in der Verfassung des Preußischen Staats, des deutschen Bundes oder eines der deutschen Bundesstaaten zu berathschlagen, hat Gefängnißstrafe nicht unter drei Monaten oder Strafarbeit bis zu zwei Jahren, und wenn er Stifter, Vorsteher oder Beamter der Verbindung ist, Strafarbeit von sechs Monaten bis zu fünf Jahren verwirkt. Gegen die Stifter und Vorsteher soll jederzeit, gegen die sonstigen Theilnehmer kann, nach Umständen, zugleich auf Stellung unter Polizei-Aufsicht (§§. 39. u. f.) erkannt werden.

Oeffentliche Beamte, welche sich dieses Verbrechens schuldig machen, haben außerdem Amtsentsetzung verwirkt.

§. 227.

Diese Strafen (§. 226.) sind um die Hälfte zu schärfen:

1. wenn dergleichen Verbindungen mit einer andern inländischen oder ausländischen Verbindung, welche nach den Preußischen Gesetzen als unerlaubt anzusehen ist, auf irgend eine Weise, z. B. durch Briefwechsel, Mittheilung ihrer Statuten, Satzungen oder Beschlüsse, oder durch Zusammenkünfte mittelst Abgeordneter u. s. w. in Beziehung oder Verkehr treten; oder

2. wenn die Mitglieder die Erfüllung der von ihnen übernommenen Verpflichtungen eidlich, oder durch Versicherung an Eidesstatt oder auf Ehrenwort angeloben; oder
3. unbekannten Oberen Gehorsam, oder bekannten Oberen einen unbedingten Gehorsam versprechen; oder
4. zur Verheimlichung ihrer Zwecke und Beschäftigungen falsche Statuten vorlegen, oder sonst andere, als ihre wirklichen Zwecke vorspiegeln; oder
5. wenn in einer solchen Verbindung mehrere Grade und Abstufungen in der Art bestehen, daß den in den untern Graden oder Abstufungen befindlichen Mitgliedern der Zweck der Verbindung nicht vollständig bekannt ist.

Diese Erhöhung der im §. 226. bestimmten Strafe tritt jedoch nur gegen diejenigen Theilnehmer der Verbindung ein, welche

1. bei einem der unter 1—5. angeführten erschwerenden Umstände selbst betheiligt gewesen sind, oder
2. von denselben auch nur Wissenschaft erhalten haben und nicht sofort darauf aus der Verbindung ausgetreten sind.

§. 228.

Wer an einer Verbindung Theil nimmt,

1. nach deren Statuten das Daseyn, die Verfassung oder Zwecke vor der Obrigkeit geheim gehalten werden sollen und von den Mitgliedern Verschwiegenheit hierüber anzugeloben ist;
2. in welcher unbekannten Oberen Gehorsam, oder bekannten Oberen ein unbedingter Gehorsam versprochen wird; oder
3. welche von der Obrigkeit besonders untersagt worden ist,

hat, wenn darauf die Bestimmung des §. 226. keine Anwendung findet, Gefängnißstrafe bis zu sechs Monaten verwirkt. Die Stifter, Vorsteher und Beamten einer solchen Verbindung sind mit Gefängnißstrafe nicht unter einem Monat zu belegen.

§. 229.

Besteht der Zweck einer unerlaubten Verbindung (§§. 226. und 228.) in einer schon als Verbrechen strafbaren Handlung, oder ist von der Verbindung im Ganzen oder von einzelnen Mitgliedern derselben irgend ein anderes Verbrechen aus Anlaß der Verbindung ausgeführt, unternommen oder auch nur begünstigt worden, so kommen die Vorschriften über das Zusammentreffen mehrerer Verbrechen (§§. 118. u. f.) zur Anwendung.

§. 230.

In Ansehung der Studenten-Verbindungen verbleibt es bei dem Gesetze vom 7ten Januar 1838., in die Stelle der Bestimmungen der §§. 6. bis 8. jenes Gesetzes treten jedoch die der vorstehenden §§. 226. 227. und 229.

§. 231.

Polizeiliche Vorschriften.

Von jeder Verbindung, welche eine bestimmte Verfassung (mit Vorstehern, Beamten und Statuten) erhält, muß der Orts-Obrigkeit durch die Stifter oder Vorsteher bei Vermeidung einer Geldbuße bis zu funfzig Thalern unverzüglich Anzeige gemacht werden.

§. 232.

Das öffentliche Tragen von Abzeichen in Kokarden, Bändern u. s. w., es sey von Inländern oder Ausländern, in anderen Farben, als jenen des Landes, welchem derjenige angehört, der solche Abzeichen trägt, ist mit Geldbuße bis zu fünf Thalern zu ahnden.

Achter Titel.

Verbrechen gegen die Hoheitsrechte und Regalien.

§. 233.

Wer ein Hoheitsrecht oder Regal wissentlich ohne Befugniß ausübt, soll, nach Verhältniß der Wichtigkeit des angemaaßten Rechts und der von ihm dabei gehegten unerlaubten Absicht, mit Geldbuße von hundert bis zu zweitausend Thalern oder mit Gefängniß nicht unter zwei Monaten oder Strafarbeit bis zu zwei Jahren belegt werden.

§. 234.

Wer in Ausübung eines ihm zustehenden Hoheitsrechts oder Regals die dabei vorgezeichneten Grenzen vorsätzlich überschreitet, ist mit Geldbuße von funfzig bis zu eintausend Thalern oder mit Gefängniß nicht unter einem Monat oder mit Strafarbeit bis zu einem Jahre zu belegen.

Hat er dadurch dem Staate oder einer Privatperson erheblichen Nachtheil zugefügt, so soll er noch außerdem zur eigenen Ausübung des gemißbrauchten Rechts für unfähig erklärt werden. Die Verwaltung des Hoheitsrechts oder Regals wird in diesem Falle auf die Dauer der Besitzzeit des Verurtheilten vom Staate geführt, und die damit verbundenen Lasten und Kosten werden, ohne daß hierüber ein Prozeß zulässig ist, aus dem Vermögen des Verurtheilten bestritten. War der letztere zur Ausübung der genannten Rechte nur für Andere berufen, so fällt die Verwaltung diesen oder deren anderweit zu bestellenden Vertretern anheim.

§. 235.

Derjenige, welcher öffentliche Abgaben zu erheben berechtigt ist und dabei die vorgeschriebenen Tarife, Taxen oder Reglements vorsätzlich überschreitet, soll mit Erlegung des zehnfachen Betrages des zu viel Erhobenen, und, falls sich dieser Betrag nicht ermitteln läßt, mit Geldbuße bis zu Fünfhundert Thalern bestraft werden.

§. 236.

Wer vorsätzlich und widerrechtlich öffentliche Abgaben dem Staate oder einem anderen Berechtigten entzieht, soll den vierfachen Betrag des Entzogenen als Strafe erlegen.

§. 237.

Die §§. 233. bis 236. finden nur in den Fällen Anwendung, in denen nicht durch besondere Verordnungen andere Strafbestimmungen getroffen sind.

Neunter Titel.

Verbrechen, welche sich auf die Religion beziehen.

§. 238.

I. Gotteslästerung.

Oeffentlich ausgestoßene Gotteslästerungen werden mit Gefängniß von einem bis zu sechs Monaten bestraft.

§. 239.

II. Beleidigung der Religionsgesellschaften.

Wer öffentlich durch Rede, Schrift oder Darstellungen eine der christlichen Kirchen oder eine geduldete Religionsgesellschaft, oder ihre Lehren, Einrichtungen oder Gebräuche, oder die Gegenstände ihrer Verehrung schmäht oder verspottet, hat Gefängnißstrafe nicht unter zwei Monaten oder Strafarbeit bis zu zwei Jahren, und wenn dabei die Absicht zum Grunde liegt, Haß und Erbitterung unter den Angehörigen der verschiedenen Religionsparteien zu erregen, Strafarbeit bis zu drei Jahren verwirkt.

Die Vorschriften der §§. 170. und 171. kommen hier gleichfalls zur Anwendung.

§. 240.

Wer Gegenstände der gottesdienstlichen Verehrung einer der christlichen Kirchen oder einer geduldeten Religionsgesellschaft durch beschimpfende Handlungen herabwürdigt, oder in Kirchen und andern von der Obrigkeit gestatteten religiösen Versammlungsorten an Gegenständen, welche dem Gottesdienste unmittelbar gewidmet sind, beschimpfenden Unfug verübt, soll mit Gefängniß nicht unter zwei Monaten oder mit Strafarbeit bis zu zwei Jahren belegt werden.

Die Hälfte dieser Strafen trifft denjenigen, welcher sich eines solchen Unfugs auf Kirchhöfen an den Gräbern schuldig macht.

§. 241.

III. Störung des Gottesdienstes.

Wer die Mitglieder einer der christlichen Kirchen oder einer geduldeten Religionsgesellschaft an der Feier des Gottesdienstes oder einzelner gottesdienstlicher Handlungen durch Gewalt oder Drohungen zu verhindern, oder eine solche schon begonnene Feier durch Gewalt oder Drohungen zu stören unternimmt, imgleichen wer einen Geistlichen während seiner gottesdienstlichen Amtsverrichtungen thätlich beleidigt, soll mit Strafarbeit von sechs Monaten bis zu drei Jahren belegt werden.

§. 242.

Wer durch ungebührliche Handlungen, jedoch ohne Anwendung von Gewalt oder Drohungen, die Feier des Gottesdienstes oder einzelner gottesdienstlicher Handlungen stört, imgleichen wer gegen einen Geistlichen während seiner gottesdienstlichen Amtsverrichtungen einer anderen, als thätlichen Beleidigung sich schuldig macht, hat Gefängniß oder Strafarbeit bis zu achtzehn Monaten verwirkt.

§. 243.

IV. Mißbrauch der Religion zu Privat-Eiden.

Eidliche Versicherungen oder eidliche Angelobungen,

welche nicht vor einer öffentlichen Behörde abgeleistet worden sind, werden sowohl an demjenigen, welcher sie gegeben, als demjenigen, welcher sie gefordert oder abgenommen hat, mit Geldbuße bis zu funfzig Thalern oder mit Gefängniß bis zu sechs Wochen geahndet.

§. 244.

Hat eine solche eidliche Angelobung die Begehung einer unerlaubten Handlung zum Gegenstande, so tritt sowohl gegen denjenigen, welcher den Eid geleistet, als denjenigen, welcher solchen gefordert oder abgenommen hat, Gefängnißstrafe von sechs Wochen bis zu einem Jahre, und in sofern darin schon der Versuch eines Verbrechens enthalten ist, zugleich die Strafe dieses Versuches ein.

Zehnter Titel.

Meineid und Eidesbruch.

§. 245.

I. Meineid und falsche Versicherung an Eidesstatt.

Wer vor einer öffentlichen Behörde als Partei, es sey persönlich oder durch einen Bevollmächtigten, oder als Zeuge oder Sachverständiger einen Eid wissentlich falsch schwört, oder, wo die Vereidung des Zeugen oder Sachverständigen vor der Vernehmung stattfindet, den in dieser Eigenschaft geleisteten Eid vorsätzlich verletzt, macht sich des Meineides schuldig.

§. 246.

Dem Eide werden gleich geachtet

1. die Betheuerungsformeln der Mitglieder solcher Religionsgesellschaften, denen das Gesetz den Gebrauch jener Betheuerungsformeln in Stelle des Eides gestattet;
2. die Versicherung, welche in Beziehung auf einen bereits in derselben Angelegenheit oder von einem ein

für allemal vereideten Sachverständigen in Beziehung auf den von ihm geleisteten Eid vor einer öffentlichen Behörde abgegeben wird.

§. 247.

Das Verbrechen des Meineides ist erst dann vollendet, wenn die Verhandlung in Ansehung desjenigen, welcher den Eid abgeleistet, geschlossen ist, die Eidesleistung mag der Aussage vorausgegangen oder nachgefolgt seyn.

§. 248.

Wer einen Meineid begeht (§§. 245—247.), soll mit Zuchthaus von drei bis zu zehn Jahren bestraft und unter Polizeiaufsicht (§§. 39. u. f.) gestellt werden. Wurde der Meineid um eines Gewinns oder Vortheils willen begangen, so tritt zugleich eine Geldbuße von zweihundert bis zu zweitausend Thalern ein.

§. 249.

Ist in einer Untersuchung, in welcher der Angeschuldigte verurtheilt worden, gegen denselben ein falsches Zeugniß abgelegt, so kann die Strafe des §. 248. bis auf Zuchthaus von fünf und zwanzig Jahren erhöhet werden.

§. 250.

Wenn jemand vor einer öffentlichen Behörde in Fällen, in welchen, außer den im §. 247. No. 2. bezeichneten, das Gesetz eine bloße Versicherung an Eidesstatt vorschreibt, oder in welchen die Betheiligten ihm gegen seine bloße Versicherung der Wahrheit die Ableistung des Eides erlassen haben, wissentlich eine falsche Versicherung oder Erklärung abgiebt, so ist er mit ein- bis dreijähriger Zuchthausstrafe zu bestrafen und unter Polizeiaufsicht zu stellen (§§. 39. u. f.). Wurde dieses Verbrechen um eines Gewinns oder Vortheils willen begangen, so tritt zugleich eine Geldbuße von funfzig bis zu eintausend Thalern ein.

§. 251.

Wer in den Fällen der §§. 245. 246. und 250. aus eigenem Antriebe die nachtheiligen Folgen seines Verbrechens durch zeitige Anzeige desselben bei der Behörde abwendet, soll nur mit Gefängniß oder Strafarbeit auf drei Monate bis zu zwei Jahren belegt werden.

§. 252.

II. Unbedachtsamer Eid.

Liegt der Ableistung eines falschen Eides oder der Verletzung eines Eides (§§. 245. und 246.), oder der falschen Versicherung an Eidesstatt (§. 250.) nur Fahrlässigkeit zum Grunde, so tritt, in sofern solche eine Unterlassung derjenigen Sorgfalt enthält, welche unter den obwaltenden Umständen erwartet werden mußte, Gefängniß nicht unter drei Monaten oder Strafarbeit bis zu zwei Jahren ein.

Werden aber durch zeitige Anzeige des Irrthums alle nachtheiligen Folgen desselben abgewandt, so findet nur Geldbuße bis zu funfzig Thalern statt.

§. 253.

III. Falscher Widerruf eines Eides.

Wer ein eidlich (§§. 245. 246.) oder unter Versicherung an Eidesstatt, der Wahrheit gemäß, abgelegtes Zeugniß gegen besseres Wissen vor einer öffentlichen Behörde als unrichtig widerruft, hat ein- bis dreijährige Zuchthausstrafe und, wenn dabei ein Gewinn oder Vortheil beabsichtigt ward, Geldbuße von funfzig bis zu eintausend Thalern verwirkt.

§. 254.

Gemeinsame Bestimmungen.

Gegen denjenigen, welcher einen Andern zum Meineide, oder zu einer falschen Versicherung an Eidesstatt, oder zum falschen Widerrufe eines eidlich oder unter Versicherung an Eidesstatt, der Wahrheit gemäß, abgelegten Zeugnisses vorsätzlich verleitet hat (Anstifter), können die in den §§. 248. bis 250. und 253. bestimmten Strafen bis um die Hälfte geschärft werden.

§. 255.

Wer ohne die im §. 254. bemerkte Absicht einem Zeugen vor oder nach Ablegung seines Zeugnisses, in Beziehung auf dasselbe, Geschenke oder andere Belohnungen zuwendet oder verspricht, hat Gefängnißstrafe bis zu drei Monaten oder Geldbuße bis zu einhundert Thalern zu gewärtigen.

§. 256.

Eben diese Strafe (§. 255.) trifft denjenigen Zeugen, welcher eine Belohnung für sein Zeugniß vor oder nach dessen Ablegung fordert oder annimmt.

Hat er sich jedoch vor seiner Abhörung eine Belohnung oder das Versprechen einer solchen durch die Drohung auszuwirken gesucht, sonst gar kein Zeugniß oder ein der Partei ungünstiges ablegen zu wollen, so trifft ihn die Strafe der Erpressung (§. 444.).

§. 257.

Wer vorsätzlich einer durch eidliches Angelöbniß vor Gericht geleisteten Kaution oder dem in dem Manifestations-Eide enthaltenen Versprechen zuwider handelt, ist mit dem Verlust der Ehrenrechte (§. 33.) und mit Gefängniß nicht unter drei Monaten oder Strafarbeit bis zu zwei Jahren zu bestrafen. IV. Eidesbruch.

Eilfter Titel.

Verletzungen der Ehre.

§. 258.

Wer wider besseres Wissen einen Anderen einer solchen Handlung bezüchtigt, durch welche sich derselbe eines Verbrechens schuldig gemacht oder die Verachtung zugezogen haben würde, wird als Verläumder mit Gefängniß nicht 1. Verläumdung;

unter einem Monate oder mit Strafarbeit bis zu einem Jahre, und wenn solches durch öffentliche Blätter, oder durch Schriften, Abbildungen oder Darstellungen, welche durch Austheilung, Verkauf, Aushang oder Aufstellung verbreitet worden sind, geschah, mit Strafarbeit bis zu zwei Jahren belegt.

Auch kann zugleich auf den Verlust der Ehrenrechte (§. 33.) erkannt werden.

§. 259.

Derjenige, welcher wider besseres Wissen einen Anderen bei einer öffentlichen Behörde der Verübung eines Verbrechens anschuldigt, oder ihn eines solchen durch Angabe unwahrer Thatsachen verdächtig zu machen sucht, soll

1. wenn der Gegenstand der Anschuldigung ein gesetzlich mit Zuchthaus- oder Todesstrafe bedrohtes Verbrechen ist, mit Zuchthausstrafe von einem bis zu fünf Jahren,
2. in andern Fällen mit Strafarbeit oder Zuchthaus bis zu drei Jahren belegt werden.

Ist der Andere in Folge der falschen Anschuldigung bestraft worden, so soll außerdem noch auf diejenige Strafe erkannt werden, welche jener schuldlos erlitten hat.

Zugleich ist, auch wenn nur auf Strafarbeit erkannt worden, der Verlust der Ehrenrechte (§. 33.) auszusprechen.

§. 260.

2. übele Nachreden;

Wer einem Anderen eine der im §. 258. bezeichneten Handlungen zwar nicht wider besseres Wissen, jedoch ohne deren Wahrheit erweisen zu können, beimißt, hat Geldbuße bis zu dreihundert Thalern oder Gefängniß bis zu vier Monaten, und wenn solches unter den am Schlusse jenes §. erwähnten erschwerenden Umständen geschah, Gefängniß nicht unter vierzehn Tagen oder Strafarbeit bis zu einem Jahre verwirkt.

§. 261.

Ist die Aeußerung (§. 260.) gegen einen Dritten geschehen, dem an deren Mittheilung gelegen ist, so tritt eine Bestrafung nur in dem Falle einer weiteren Verbreitung derselben und nur gegen denjenigen ein, durch dessen Verschulden die Verbreitung erfolgt ist.

§. 262.

Wird der Inhalt der Aeußerung (§. 260.) als wahr erwiesen, so kann sie auch nicht als eine Ehrenkränkung (§. 266.) bestraft werden, es sey denn, daß sie in einer solchen Weise oder unter solchen Umständen erfolgt wäre, aus welchen erhellt, daß sie in der Absicht zu beleidigen geschehen sey.

§. 263.

Zum Erweise der Wahrheit (§. 262.) sollen Beweismittel, deren Aufnahme eine erhebliche Verzögerung zur Folge haben würde, nur in sofern zugelassen werden, als aus den Umständen erhellt, daß sie nicht zum Verschleife der Sache vorgeschlagen worden sind.

§. 264.

Ist in dem Falle des §. 260. die dem Andern beigemessene Handlung ein Verbrechen, so kann wegen einer solchen Aeußerung ein Strafverfahren erst dann eingeleitet werden, wenn wegen dieses Verbrechens rechtskräftig erkannt und keine Strafe ausgesprochen, oder die Eröffnung einer gerichtlichen Untersuchung für unstatthaft erklärt worden ist.

§. 265.

Die Bestimmungen des §. 262. finden auch Anwendung bei Aeußerungen, durch welche über eine wahre, der Ehre eines Andern nachtheilige Thatsache, oder über seine Person in Bezug auf diese Thatsache Mißbilligung oder Tadel ausgesprochen wird.

§. 266.

3. Ehrenkränkung.

Wer durch Handlungen oder durch andere, als die in den §§. 258—260. bezeichneten Aeußerungen die Ehre eines Anderen kränkt, hat

1. wenn solches durch Thätlichkeiten gegen die Person des Beleidigten geschah, Gefängniß nicht unter acht Tagen oder Strafarbeit bis zu achtzehn Monaten,
2. in andern Fällen Gefängniß bis zu vier Monaten oder Geldbuße bis zu dreihundert Thalern

verwirkt.

§. 267.

In dem Falle des §. 266. No. 1. soll, wenn die Thätlichkeit gegen Eltern oder mittelst Auflauerns oder hinterlistigen Anfalls verübt wurde, Gefängnißstrafe nicht unter einem Monate oder Strafarbeit bis zu zwei Jahren, und in den Fällen des §. 266. No. 2., wenn die Ehrenkränkung unter den am Schlusse des §. 258. erwähnten erschwerenden Umständen begangen ward, Gefängnißstrafe von acht Tagen bis sechs Monaten eintreten.

§. 268.

Hat eine durch Thätlichkeiten verübte Ehrenkränkung zugleich eine körperliche Verletzung des Beleidigten zur Folge gehabt, so finden die Vorschriften von dem Zusammentreffen mehrerer Verbrechen (§. 118. u. f.) Anwendung.

§. 269.

Wenn jemand durch eine ihm zugefügte rechtswidrige Behandlung zur augenblicklichen Beleidigung des Gegners gereizt wurde, so ist auf eine mildere Strafe und nach richterlichem Ermessen statt der Freiheitsstrafe auf Geldbuße zu erkennen. Auch kann derselbe nach Umständen ganz mit Strafe verschont werden.

§. 270.

Ist eine Ehrenkränkung auf der Stelle ohne Ueberschreitung des Maaßes erwiedert worden, so kann von keinem Theile auf Bestrafung angetragen werden (§. 280.). Eine Ueberschreitung des Maaßes wird nach Vorschrift des §. 269. beurtheilt, und hebt auch die Anklage wegen der vorausgegangenen Ehrenkränkung auf.

§. 271.

Gemeinsame Bestimmungen: a) Aeußerungen, welche nicht als Verletzungen der Ehre zu betrachten sind;

Als Verletzungen der Ehre können

1. tadelnde Urtheile über wissenschaftliche und künstlerische Werke oder Leistungen, welche sich auf den Werth oder Unwerth des Gegenstandes beschränken, oder doch die Person des Urhebers nur in Bezug auf seine Leistungen berühren;
2. Aeußerungen, welche zur Ausführung oder Vertheidigung von Gerechtsamen gemacht worden sind, und
3. Vorhaltungen und Rügen der Vorgesetzten gegen ihre Untergebenen

nicht bestraft werden, es sey denn, daß sie in einer solchen Weise oder unter solchen Umständen erfolgt wären, aus welchen erhellt, daß sie in der Absicht zu beleidigen geschehen seyen.

§. 272.

b) Zumessungsgründe;

Bei Zumessung der Strafen sind besonders zu berücksichtigen:

1. der Rang und Stand des Beleidigten:
2. das Verhältniß des Beleidigten zu dem Beleidiger, in sofern dieser dem ersteren besondere Achtung oder Ehrerbietung schuldig ist, und
3. die Beschaffenheit der Beleidigung in Hinsicht auf Zeit und Ort, wo sie zugefügt worden ist.

§. 273.

Bei Beleidigungen solcher Personen, welchen der Beleidiger besondere Achtung oder Ehrerbietung schuldig ist, soll niemals auf Geldbuße, sondern jederzeit auf Freiheitsstrafe erkannt werden.

§. 274.

c) Verletzungen der Ehre durch öffentlich verbreitete Schriften oder Darstellungen;

Bei Verletzungen der Ehre durch öffentlich verbreitete Schriften, Abbildungen oder Darstellungen ist die Strafe (§§. 258. 260. 267.) um die Hälfte zu erhöhen, wenn der Verfasser sich gar nicht oder nicht mit seinem wahren Namen genannt hat (Pasquill).

§. 275.

In wieweit bei den durch öffentlich verbreitete Schriften oder Darstellungen verübten Verletzungen der Ehre außer dem Urheber auch diejenigen strafbar sind, welche bei Anfertigung dieser Schriften oder Darstellungen oder bei deren Verbreitung mitgewirkt haben, ist nach den Vorschriften von der Theilnahme an dem Verbrechen Anderer (§§. 63. bis 71.) zu beurtheilen.

§. 276.

Die Natur der strafbaren Handlung wird dadurch nicht geändert, daß in einer solchen Schrift oder Darstellung der Beleidigte nicht genannt, sondern auf andere Weise kenntlich gemacht ist.

§. 277.

Oeffentlich angeschlagene oder zur weitern Verbreitung noch vorräthige Exemplare ehrenverletzender Schriften oder Darstellungen, sie mögen dem Verfertiger noch zugehören oder nicht, sind auf den Antrag des Beleidigten in Beschlag zu nehmen und, wenn sie durch richterliches Urtheil für ehrenverletzend erklärt worden sind, zu vernichten.

§. 278.

Ist jedoch der Hauptzweck einer Druckschrift ein erlaubter, und sind darin nur nebenbei beleidigende Stellen eingestreut, so kann der Beleidigte alsdann nur die Vernichtung derjenigen Blätter der Schrift fordern, welche nach der Entscheidung des Richters die beleidigenden Stellen enthalten.

§. 279.

Gegen denjenigen, welcher sein Gewerbe zur Anfertigung oder Verbreitung der im §. 274. erwähnten Schriften, Abbildungen oder Darstellungen mißbraucht, kann zugleich auf zeitweise oder immerwährende Entziehung der Befugniß zum Betriebe des gemißbrauchten Gewerbes (§. 32.) erkannt werden.

§. 280.

d) Privatgenugthuung.

In allen Fällen, in denen wegen einer Verletzung der Ehre auf Strafe erkannt wird, ist dem Beleidigten auf Kosten des Verurtheilten eine Ausfertigung des Erkenntnisses zu ertheilen.

Bei falschen Anschuldigungen (§. 259.) und bei öffentlich verübten Verletzungen der Ehre kann, wenn der Beleidigte darauf anträgt, zugleich auf öffentliche Bekanntmachung der erfolgten Bestrafung erkannt werden. Dies muß auf Verlangen des Beleidigten jederzeit geschehen, wenn die ehrenverletzende Aeußerung durch Schriften, Abbildungen oder Darstellungen verbreitet worden ist. Die Art, wie die Bekanntmachung zu bewirken ist, hat der Richter nach den Umständen zu bestimmen; ist die Ehrenverletzung in einer Zeitschrift geschehen, so muß die Bestrafung durch die öffentlichen Blätter, und wo möglich durch dieselbe Zeitschrift bekannt gemacht werden.

§. 281.

Ist eine Verletzung der Ehre von der Art, daß für

die bürgerlichen Verhältnisse des Beleidigten, seinen Geschäftsbetrieb oder sein Fortkommen nachtheilige Folgen zu besorgen sind, so ist der Beleidiger auf den Antrag des Beleidigten zu einer dem letzteren in Gelde zu leistenden Genugthuung zu verurtheilen, deren Betrag der Richter nach den Umständen zu ermessen hat.

Die gesetzliche Strafe findet unabhängig hiervon statt.

§. 282.

c) Antrag auf Bestrafung.

Die Bestrafung einer Verletzung der Ehre erfolgt außer dem Falle des §. 259. nur auf den Antrag des Beleidigten. Sind Ehefrauen oder Kinder, die noch unter väterlicher Gewalt stehen, beleidigt worden, so haben auch die Ehemänner oder Väter das Recht, auf Bestrafung des Beleidigers anzutragen.

Bei Verläumdungen oder Ehrenkränkungen gegen ganze Stände, Korporationen, Gesellschaften oder Familien ist jedes Mitglied derselben, und bei verläumderischen oder ehrenkränkenden Aeußerungen über Verstorbene sind deren Ehegatte, Verwandte in auf- und absteigender Linie (§. 74.), Geschwister und Erben zu dem Straf-Antrage berechtigt.

Ist die gegen einen Stand, gegen eine Korporation, Gesellschaft oder Familie verübte Verläumdung oder Ehrenkränkung auf den Antrag eines der zu dem beleidigten Stande ꝛc. gehörigen Mitglieder bestraft worden, so findet eine weitere Rüge von Seiten der übrigen Mitglieder nicht statt.

§. 283.

Zu dem Antrage auf Bestrafung (§. 282.) ist ein Ehegatte gegen den andern nicht berechtigt.

§. 284.

Die Zurücknahme des Straf-Antrags (§. 282.) kann von Seiten dessen, der ihn angebracht hat, so lange geschehen, als das Erkenntniß erster Instanz noch nicht publizirt ist.

§. 285.

Ist bei wechselseitigen Ehrenverletzungen von einem Theile binnen der im §. 102. bestimmten Frist auf Bestrafung angetragen worden, so kann der andere Theil auch nach Ablauf jener Frist bis zum Schlusse des Verfahrens in erster Instanz auf Bestrafung antragen.

§. 286.

Die Bestimmungen dieses Titels finden keine Anwendung, wenn Eltern gegen ihre Kinder, Vormünder gegen ihre Pflegebefohlenen, Lehrer gegen ihre Schüler, Erzieher gegen ihre Zöglinge, Lehrherren und Meister gegen ihre Lehrlinge und Gesellen, Dienstherrschaften gegen ihr Gesinde, und Schiffs-Kapitaine gegen die Schiffsmannschaften bei Vorhaltungen, Rügen oder körperlicher Züchtigung die Grenzen des ihnen zustehenden Rechts der Zucht überschreiten oder dieses Recht mißbrauchen; dergleichen Ueberschreitung und Mißbrauch wird nach den Vorschriften der §§. 366 bis 370. bestraft.

Zwölfter Titel.

Zweikampf.

§. 287.

Die Herausforderung zum Zweikampfe mit tödtlichen Waffen, so wie die Annahme einer solchen Herausforderung, wird mit Gefängniß von vier Wochen bis zu sechs Monaten bestraft.

§. 288.

Die Strafe wird verdoppelt, wenn die Herausforderung auf eine solche Art des Zweikampfes, welche die Tödtung eines der beiden Theile zur unabwendbaren Folge haben würde, oder dahin gerichtet ist, daß der Zweikampf so lange fortgesetzt werden soll, bis einer der beiden Theile getödtet worden ist.

§. 289.

Die Strafe der Herausforderung und deren Annahme (§§. 287. und 288.) fällt jedoch weg, wenn die Parteien von dem Zweikampfe vor dessen Beginnen aus eigener Bewegung abgestanden sind.

§. 290.

Der Zweikampf wird mit Gefängniß nicht unter drei Monaten oder mit Festungshaft oder Festungsstrafe bis zu zehn Jahren bestraft; es soll jedoch, wenn einer von beiden Theilen getödtet worden ist, niemals auf eine geringere, als zweijährige Freiheitsstrafe erkannt werden.

§. 291.

Ist bei einem Zweikampfe der im §. 288. bezeichneten Art einer der beiden Theile getödtet worden, so tritt fünf- bis zwanzigjährige, und wenn keine Tödtung erfolgt ist, zwei- bis zehnjährige Festungsstrafe ein.

§. 292.

Die Strafe (§§. 290. und 291.) soll einem jeden der beiden Theile nach Maaßgabe seines Verschuldens und mit Rücksicht auf die Veranlassung des Zweikampfs und dessen mehr oder minder nachtheiligen Ausgang zugemessen, und bei der Zumessung besonders erhöht werden

1. gegen denjenigen, welcher durch die Beschaffenheit der Beleidigung oder sonst auf eine boshafte Weise, er sey der Herausforderer oder der Geforderte, den Zweikampf herbeigeführt hat, und
2. in den Fällen, wenn der Zweikampf ohne Sekundanten unternommen worden ist.

§. 293.

Ist eine Tödtung oder körperliche Verletzung mittelst vorsätzlicher Uebertretung der vereinbarten Regeln des Zweikampfs bewirkt worden, so wird der Uebertreter nach den allgemeinen Vorschriften über das Verbrechen der Tödtung oder der körperlichen Verletzung bestraft.

§. 294.

Diejenigen, welche den Auftrag zu einer Herausforderung übernommen und ausgerichtet haben (Kartellträger), sollen mit Gefängnißstrafe bis zu sechs Monaten belegt werden.

§. 295.

Wer Jemand zum Zweikampf mit einem Dritten absichtlich, insonderheit durch Bezeigung oder Androhung von Verachtung anreizt, ist, wenn der Zweikampf wirklich stattgefunden hat, mit Gefängniß nicht unter drei Monaten oder mit Strafarbeit bis zu drei Jahren zu belegen.

§. 296.

Die Sekundanten sind mit Gefängniß nicht unter einem Monate zu bestrafen; sie bleiben aber straffrei, wenn sie ernstlich bemüht gewesen sind, den Zweikampf zu verhindern, oder dessen nachtheiligen Erfolg abzuwenden.

§. 297.

Die bei einem Zweikampfe zugezogenen Aerzte oder Wundärzte sind straflos, und auch nicht verpflichtet, über den beabsichtigten oder ausgeführten Zweikampf der Obrigkeit anders, als auf deren Aufforderung, Anzeige zu machen.

Dreizehnter Titel.

Verbrechen wider das Leben und die Gesundheit.

Erster Abschnitt.

Verbrechen wider das Leben.

§. 298.

Wer mit überlegtem Vorsatze einen Menschen tödtet, begeht einen Mord, und hat die Todesstrafe verwirkt. I. Tödtung. 1. Mord.

Ist das Verbrechen an Eltern (§. 74.) oder Ehegatten begangen, so tritt geschärfte Todesstrafe ein.

§. 299.

2. Todschlag. Wer vorsätzlich, jedoch nicht mit Ueberlegung, sondern im Affekte (Leidenschaft) einen Menschen tödtet, begeht einen Todschlag und hat zehnjährige bis lebenswierige Strafarbeit oder Zuchthausstrafe verwirkt. In wiefern die Tödtung dem Urheber derselben als eine vorsätzliche zuzurechnen sey, ist nach Vorschrift des §. 52. zu beurtheilen.

§. 300.

War bei einem Todschlage (§. 299.) der Thäter ohne eigene Schuld von dem Getödteten selbst durch körperliche Mißhandlungen oder schwere Beleidigungen oder Beschimpfungen, es sey gegen ihn selbst oder gegen seine Eltern, Kinder oder Ehegatten, zum Zorn gereizt und dadurch auf der Stelle zur That hingerissen worden, so kann die Strafe bis auf fünfjährige Strafarbeit herabgesetzt werden.

§. 301.

Qualifizirter Todschlag. Der Todschlag an Eltern (§. 74.) wird mit dem Tode bestraft.

§. 302.

Auch den trifft die Todesstrafe, welcher vorsätzlich, wenn auch nicht mit Ueberlegung, bei Unternehmung eines Verbrechens, um ein dessen Ausführung entgegentretendes Hinderniß zu beseitigen, oder um sich der Ergreifung auf frischer That zu entziehen, einen Andern tödtet.

§. 303.

3. Durch Mißhandlung verschuldete Tödtung. Ist der Tod eines Menschen durch Mißhandlungen verursacht worden, es erhellt jedoch aus den Umständen, daß der Thäter nicht die Absicht zu tödten hatte, so tritt Strafarbeit oder Zuchthausstrafe von fünf bis zu zwanzig Jahren ein.

§. 304.

War die That unter den im §. 300. bezeichneten Umständen verübt, so kann die Strafe bis auf einjährige Strafarbeit ermäßigt werden. Diese Straf-Ermäßigung bleibt aber ausgeschlossen, wenn das Verbrechen an Eltern (§. 74.) begangen wurde.

§. 305.

War es nach der Beschaffenheit der Handlung unwahrscheinlich, daß der Tod die Folge derselben seyn würde, so tritt in dem Falle des §. 303. Strafarbeit von einem bis zu fünf Jahren, und in dem Falle des §. 304. Gefängniß oder Strafarbeit von sechs Monaten bis zu drei Jahren ein.

§. 306.

4. Tödtung im Handgemenge

Ist Jemand von Mehrern gleichzeitig gemißhandelt und dadurch getödtet worden, so sind alle diejenigen, welche dem Getödteten eine tödtliche Verletzung beigebracht haben, nach den Vorschriften über den Todschlag, die übrigen Theilnehmer aber nach den Vorschriften über Körperverletzungen zu bestrafen. Sind die von Mehreren beigebrachten Verletzungen nicht einzeln, sondern nur durch ihr Zusammentreffen tödtlich, so findet gegen alle Theilnehmer zwei- bis zehnjährige Strafarbeit oder Zuchthausstrafe statt. Eben diese Strafe trifft in dem Falle, wenn der Urheber der tödtlichen Verletzung nicht zu ermitteln ist, diejenigen Theilnehmer, welchen die That nach den obwaltenden Umständen beigemessen werden kann.

§. 307.

5. Vergiftung.

Wer einem Andern vorsätzlich Gift beigebracht und dadurch den Tod desselben bewirkt hat, soll mit dem Tode bestraft werden, ohne Unterschied, ob er die Tödtung beabsichtigt hatte, oder nicht.

§. 308.

6. Kindesmord. Eine Mutter, welche ihr uneheliches Kind in oder gleich nach der Geburt vorsätzlich tödtet, hat zehnjährige bis lebenswierige Strafarbeit oder Zuchthausstrafe verwirkt.

Bei Zumessung der Strafe ist besonders zu berücksichtigen, ob das Kind bereits lebensfähig gewesen, und ob die Tödtung mit überlegtem Vorsatze verübt worden ist, oder nicht.

§. 309.

Wurde die vorsätzliche Tödtung des unehelichen Kindes (§. 308.) von andern Personen, als der Mutter verübt, oder nahmen dergleichen Personen an dem Verbrechen der Mutter Theil, so ist deren Strafbarkeit nach den Vorschriften vom Morde oder Todschlage zu beurtheilen.

§. 310.

7. Tödtung eines Todtkranken. Wer einen Todtkranken oder tödtlich Verwundeten auf dessen Verlangen tödtet, ist mit Gefängniß nicht unter drei Monaten oder mit Strafarbeit bis zu drei Jahren zu belegen.

§. 311.

8. Beihülfe zum Selbstmorde. Wer einem Andern zum Selbstmorde behülflich ist, hat ein- bis fünfjährige Strafarbeit verwirkt.

§. 312.

9. Tödtung aus Fahrlässigkeit. Wer den Tod eines Menschen durch eine Fahrlässigkeit herbeiführt, soll mit Gefängniß nicht unter zwei Monaten oder mit Strafarbeit bis zu drei Jahren belegt werden.

Die Strafe ist bei der Zumessung besonders dann zu steigern, wenn

1. die Handlung oder Unterlassung, welche den Tod des Andern zur Folge hatte, schon an sich rechtswidrig oder verboten war, oder
2. der Thäter zu der Aufmerksamkeit oder Vorsicht, welche er dabei aus den Augen setzte, vermöge seines Amts, Berufs oder Gewerbes besonders verpflichtet war.

In dem letzteren Falle (No. 2.) kann der Thäter zugleich seines Amtes entsetzt oder der Befugniß zur Betreibung seiner Kunst oder seines Gewerbes auf Zeit oder für immer verlustig erklärt werden (§. 32.); beim Rückfalle ist hierauf jederzeit zu erkennen.

§. 313.

Der Tod wird als Folge der dem Getödteten zugefügten Verletzung angesehen und dem Thäter nach näherer Bestimmung der §§. 298—312. beigemessen, ohne Unterschied, ob eine Verletzung dieser Art in andern Fällen durch Hülfe der Kunst geheilt worden, ob der tödtliche Erfolg durch zeitige und zweckmäßige Hülfe hätte verhindert werden können, oder ob die Verletzung nur wegen der eigenthümlichen Leibesbeschaffenheit des Getödteten oder wegen der zufälligen Umstände, unter welchen sie zugefügt wurde, den tödtlichen Erfolg gehabt hat. Gemeinsame Bestimmung.

§. 314.

Eine Schwangere, welche durch äußere oder innere Mittel ihre Frucht vorsätzlich im Mutterleibe tödtet oder solche abtreibt, ist mit ein- bis fünfjähriger Strafarbeit zu belegen. Gleiche Strafe trifft denjenigen, welcher eine solche Handlung an einer Schwangeren mit deren Einwilligung vorgenommen hat. II. Abtreibung der Leibesfrucht.

§. 315.

Wer vorsätzlich einer Schwangeren ohne deren Wissen oder Willen die Leibesfrucht tödtet oder abtreibt, ist mit fünf- bis zehnjähriger Zuchthausstrafe, und falls dadurch ein bleibender Nachtheil für die Gesundheit der Mutter oder gar deren Tod herbeigeführt ist, mit zehnjähriger bis lebenswieriger Zuchthausstrafe zu belegen.

§. 316.

Wer gegen eine schwangere Person, oder in deren

Gegenwart, ungeachtet ihm die Schwangerschaft bekannt war, eine solche Handlung sich erlaubt, durch welche eine unzeitige Entbindung oder der Tod der Leibesfrucht leicht herbeigeführt werden kann, hat, wenn diese Folge wirklich eintritt, Gefängnißstrafe nicht unter vierzehn Tagen verwirkt.

Ist die Handlung eine an sich strafbare, so findet die Vorschrift des §. 118. u. f. über das Zusammentreffen mehrerer Verbrechen Anwendung.

§. 317.

III. Aussetzung hülfloser Personen.

Wer eine wegen jugendlichen Alters, Krankheit oder Gebrechlichkeit hülflose Person an einen solchen Ort und unter solchen Umständen aussetzt, daß die Lebensrettung des Ausgesetzten mit Wahrscheinlichkeit nicht erwartet werden kann, soll, wenn das Verbrechen in der Absicht zu tödten verübt worden ist, mit den Strafen des vollbrachten oder versuchten Mordes belegt werden.

Lag die Absicht zu tödten nicht vor, so tritt,

1. wenn der Ausgesetzte um das Leben gekommen ist, zehnjährige bis lebenswierige,
2. wenn der Ausgesetzte an der Gesundheit beschädigt worden ist, fünf- bis zehnjährige, und
3. wenn derselbe keinen Schaden erlitten hat, zwei- bis fünfjährige Strafarbeit oder Zuchthausstrafe

ein.

§. 318.

Geschah die Aussetzung an einen solchen Ort und unter solchen Umständen, daß zwar Gefahr für das Leben oder die Gesundheit des Ausgesetzten vorhanden war, die baldige Rettung desselben aber von dem Thäter mit Wahrscheinlichkeit gehofft werden konnte, so ist im Falle des §. 317. No. 1. auf Zuchthaus oder Strafarbeit von fünf bis zehn Jahren, im Falle von No. 2. auf Strafarbeit von zwei bis fünf Jahren, und im Fall von No. 3. auf Strafarbeit von sechs Monaten bis zu drei Jahren zu erkennen.

§. 319.

Geschah die Aussetzung an einen solchen Ort und unter solchen Umständen, daß keine Gefahr für das Leben oder die Gesundheit des Ausgesetzten zu fürchten war, so tritt Gefängnißstrafe nicht unter zwei Monaten, und wenn wider Erwarten der Ausgesetzte dennoch dadurch beschädigt oder um das Leben gekommen ist, Gefängnißstrafe nicht unter vier Monaten oder Strafarbeit bis zu drei Jahren ein.

§. 320.

Die vorstehenden Bestimmungen (§§. 317—319.) kommen auch dann zur Anwendung, wenn derjenige, welchem eine hülflose Person zur Fürsorge anvertraut ist, sich von derselben entfernt und sie in einem hülflosen Zustande verläßt.

§. 321.

V. Heimliche Beerdigung.

Wer einen Leichnam ohne Vorwissen der Behörde beerdigt, oder sonst heimlich bei Seite schafft, oder zu der heimlichen Beerdigung oder Beiseiteschaffung behülflich ist, hat, in sofern hiermit nicht ein schwereres Verbrechen verbunden ist, Geldbuße von fünf bis zu einhundert Thalern oder Gefängnißstrafe von acht Tagen bis zu drei Monaten verwirkt.

Zweiter Abschnitt.

Körperverletzungen und Verbrechen wider die Gesundheit.

§. 322.

1. Vorsätzliche Körperverletzung.
a) schwere;

Wer vorsätzlich einem Andern eine solche körperliche Verletzung oder Mißhandlung zufügt, welche mit nachtheiligen Folgen für die Gesundheit desselben oder mit der Gefahr solcher Folgen verbunden ist, hat Strafarbeit oder Zuchthausstrafe bis zu fünf Jahren verwirkt.

§. 323.

Die Dauer dieser Strafe kann bis zu zehn Jahren gesteigert werden, wenn der Verletzte der Sprache, des Gesichts, des Gehörs oder der Zeugungsfähigkeit beraubt, erheblich verstümmelt oder verunstaltet, zu seinen Berufsarbeiten unbrauchbar gemacht, oder in eine Geisteskrankheit versetzt worden, bei welcher keine gegründete Hoffnung zur Wiederherstelluug vorhanden ist. Ist eine solche Verletzung mit überlegtem Vorsatz zugefügt worden, so tritt Zuchthausstrafe von fünf bis zu funfzehn Jahren ein.

§. 324.

Ist Jemandem bei einer von Mehreren gleichzeitig verübten Mißhandlung eine schwere körperliche Verletzung (§§. 322. 323.) zugefügt worden, und es kann der Urheber der stattgefundenen schweren Verletzung nicht ausgemittelt werden, oder haben die Mißhandlungen nur durch ihr Zusammentreffen den eingetretenen Erfolg gehabt, so ist gegen die einzelnen Theilnehmer auf die Hälfte der in den §§. 322 und 323. bestimmten Strafe zu erkennen.

§. 325.

Die in den §§. 322 — 324. bestimmten Strafen sind um die Hälfte zu verschärfen, wenn das Verbrechen an Eltern oder mittelst Auflauerns oder hinterlistigen Anfalls verübt wurde. Zugleich kann neben der Strafarbeit auf den Verlust der Ehrenrechte (§. 33.) erkannt werden.

§. 326.

b) leichte. Ist die einem andern vorsätzlich zugefügte körperliche Verletzung oder Thätlichkeit nicht mit Gefahr und nicht mit nachtheiligen Folgen für die Gesundheit desselben verbunden, so tritt Gefängnißstrafe ein. Ward die Verletzung unter den im §. 325. bezeichneten Umständen verübt, so ist der Thäter mit Gefängniß nicht unter einem Monate oder mit

Strafarbeit bis zu zwei Jahren zu bestrafen; auch kann zugleich nach richterlichem Ermessen auf den Verlust der Ehrenrechte (§. 33.) erkannt werden.

§. 327.

2. Beschädigung durch Gift.

Wer vorsätzlich, jedoch ohne die Absicht zu tödten, einem andern Gift beigebracht hat, soll, wenn demselben hierdurch ein Schaden an seiner Gesundheit, zu deren Heilung keine Wahrscheinlichkeit vorhanden ist, zugefügt worden mit zehn- bis lebenswieriger, sonst aber mit fünf- bis zehnjähriger Zuchthausstrafe belegt werden.

§. 328.

3. Fahrlässige Körperverletzung.

Wer die Verletzung eines Menschen an dem Körper oder der Gesundheit durch eine Fahrlässigkeit herbeiführt, soll nach dem Grade der letztern und nach der Erheblichkeit des entstandenen Schadens mit Geldbuße bis zu zweihundert Thalern oder mit Gefängniß bestraft werden.

§. 329.

4. Mittheilung einer ansteckenden Krankheit.

Wer eine ansteckende Krankheit, mit welcher er selbst behaftet ist, einem Andern mittheilt, wird, wenn dies vorsätzlich geschah, nach Vorschrift der §§. 322. 323. und wenn es fahrlässigerweise durch Verletzung der nöthigen Vorsicht gegen eine von der Krankheit nicht unterrichtete Person geschah, nach Vorschrift des §. 328. bestraft.

§. 330.

Gemeinsame Bestimmungen.

Ist eine körperliche Verletzung mit Uebertretung der besonderen Pflichten, zu welchen der Thäter vermöge seines Amtes oder Berufs verbunden war, verübt worden, so soll, wenn dies vorsätzlich geschah, jederzeit zugleich auf Amtsentsetzung oder auf den Verlust der Befugniß zur Betreibung der Kunst, oder des Gewerbes für immer, oder auf Zeit (§. 32.) erkannt werden. — Der Richter kann hierauf auch bei fahrlässigerweise verübten Verletzungen erkenkennen, wenn besonders erschwerende Umstände vorliegen oder der Thäter sich im Rückfalle befindet.

§. 331.

Wegen vorsätzlich zugefügter leichter Körperverletzungen (§. 326.) und wegen fahrlässigerweise verursachter Körperverletzungen, welche nicht zu den im §. 323. bezeichneten besonders schweren gehören, so wie in den Fällen des §. 329. findet, wenn das Verbrechen nicht mit Uebertretung einer besondern Amts- oder Berufspflicht (§. 330.) begangen wurde, eine Bestrafung nur auf den Antrag des Verletzten oder desjenigen statt, welcher ihn vor Gericht zu vertreten, gesetzlich befugt ist.

§. 332.

4. Selbstverstümmelung.

Wer in der Absicht, sich dem Militairdienste zu entziehen, zu demselben durch Selbstverstümmelung oder sonst auf irgend eine Weise sich völlig unfähig macht, oder seine Unfähigkeit hiezu durch einen andern bewirken läßt, hat Zuchthausstrafe von einem bis zu drei Jahren verwirkt.

Eben diese Strafe trifft denjenigen, welcher die Unfähigkeit des Andern bewirkt hat. Hat er hierdurch zugleich eine besondere Amts- oder Berufspflicht verletzt, so findet gegen ihn die Strafbestimmung im ersten Satze des §. 330. ebenfalls Anwendung.

Dritter Abschnitt.

Polizeiliche Strafvorschriften.

§. 333.

1. Unbefugter Handel ꝛc. mit Schießpulver, Giften und Arzneien.

Wer ohne ausdrückliche Erlaubniß

1. Gift zubereitet oder an Andere überläßt,
2. Arzneien, soweit der Handel mit denselben nicht für gewisse Arten und Quantitäten durch besondere Verordnungen freigegeben ist, verkauft, oder zwar unent-

geltlich, jedoch einem besonderen obrigkeitlichen Verbote zuwider, an Andere überläßt,

3. Schießpulver zubereitet oder feilhält,

hat Geldbuße von fünf bis funfzig Thalern und Konfiskation der vorräthigen Materialien zu gewärtigen.

§. 334.

Gleiche Strafe haben diejenigen verwirkt, welche bei der Aufbewahrung oder dem Transport von Giftwaaren oder Schießpulver oder bei Ausübung der Befugniß zur Zubereitung oder Feilhaltung dieser Gegenstände, so wie der Arzneien die deshalb ergangenen Verordnungen nicht befolgen. Sind jedoch in diesen Verordnungen besondere Strafbestimmungen enthalten, so kommen diese zur Anwendung.

§. 335.

2. Voreilige Beerdigungen.

Niemand darf, in sofern nicht besondere Verordnungen eine Ausnahme gestatten, einen Todten vor Ablauf von drei Tagen nach dessen Absterben beerdigen oder beerdigen lassen. Wer diesem zuwiderhandelt oder die sonst in Ansehung der Beerdigungen bestehenden polizeilichen Vorschriften außer Acht läßt, hat eine Geldbuße von drei bis zu funfzig Thalern oder eine Gefängnißstrafe bis zu sechs Wochen zu gewärtigen.

§. 336.

3. Selbstmord.

Selbstmörder sollen, wenn die Entleibung nicht in einem Anfalle von Geisteszerrüttung geschehen ist, ohne alle äußere Ehren in der Stille beerdigt werden.

§. 337.

1. Unvorsichtigkeit bei der Feuerung in verschlossenen Gemächern.

Wer bei der Feuerung in verschlossenen Gemächern eine Unvorsichtigkeit sich zu Schulden kommen läßt, in deren Folge die darin befindlichen Personen durch den Dampf in Gefahr gesetzt werden, ist mit einer Geldbuße von drei bis zu funfzehn Thalern oder mit drei= bis vier=zehntägigem Gefängniß zu bestrafen.

§. 338.

5. Unvorsichtigkeit mit geladenem Gewehr rc.

Wer geladenes Gewehr in seiner Wohnung hält, muß dasselbe dergestalt mit Vorsicht aufbewahren, daß Kinder oder andere, von dem geladenen Zustande des Gewehrs nicht unterrichtete Personen zu dem Gewehr nicht gelangen kön=nen, und daß ein Umstürzen oder Herabfallen des Gewehrs, oder ein anderer Zufall keine Entladung herbeiführen kann.

§. 339.

Gleiche Vorsicht (§. 338.) liegt denen ob, welche sich mit geladenem Gewehr in ein fremdes Haus begeben, oder sonst an Orten verweilen, wo Menschen verkehren.

§. 340.

Die Hauswirthe, welche solche Personen (§. 339.) bei sich aufnehmen, sind auf gleiche Weise, wie letztere selbst, für die sichere Aufbewahrung des geladenen Gewehrs der=selben verpflichtet.

§. 341.

Die Uebertretung dieser Vorschriften (§§. 338—340.) soll mit einer Geldbuße von drei bis zu funfzehn Thalern, oder mit einer Gefängnißstrafe von drei bis zu vierzehn Tagen geahndet werden.

§. 342.

Wer an bewohnten oder von Menschen besuchten Orten mit Feuergewehr oder anderm Geschoß ohne obrigkeitliche Erlaubniß schießt, ist mit Geldbuße von fünf bis zu funf=zig Thalern oder mit Gefängniß bis zu sechs Wochen zu bestrafen.

§. 343.

Bei gleicher Strafe darf Niemand Selbstgeschosse, Schlageisen oder Fußangeln legen.

§. 344.

Niemand darf Stoß-, Hieb- oder Schußwaffen, welche in Stöcken, Röhren oder sonst unter einer anderen Gestalt verborgen sind, ingleichen Stoßwaffen mit drei- oder mehrkantigen Klingen feilhalten oder führen. 6. Führen und Feilhalten verbotener Waffen.

Die Uebertretung dieses Verbots wird bestraft an demjenigen, welcher dergleichen Waffen feilhält, mit einer Geldbuße von zehn bis zu funfzig Thalern oder mit Gefängnißstrafe von acht Tagen bis zu sechs Wochen, an demjenigen, welcher solche Waffen führt, mit einer Geldbuße von drei bis zu funfzehn Thalern oder mit einer Gefängnißstrafe bis zu vierzehn Tagen, und in beiden Fällen zugleich mit der Konfiskation der Waffen.

§. 345.

Das zu schnelle Fahren oder Reiten in Städten oder Dörfern, besonders auf Brücken, in Thoren, beim Umlenken oder bei Wendungen um die Ecke, wird mit Geldbuße von zwei bis zu zehn Thalern bestraft. 7. Zu schnelles Fahren oder Reiten.

§. 346.

Von der im §. 345. bestimmten Strafe bleibt der Fahrende oder Reitende nur dann befreit, wenn das zu schnelle Fahren oder Reiten ohne alles Verschulden desselben durch einen Zufall veranlaßt worden ist; dagegen trifft, wenn das Pferd ein geliehenes war, jene Strafe den Verleiher, wenn dieser unterlassen hat, den Leiher mit denjenigen Eigenschaften des Pferdes bekannt zu machen, welche bei dessen Gebrauch zur Verhütung von Unglücksfällen besonders beachtet werden müssen.

§. 347.

Diejenigen, welche auf öffentlichen Straßen oder Wegen mit Gefahr für Andere durch schnelles Fahren zu wetteifern suchen, sollen mit Geldbuße von fünf bis zu funfzig Thalern oder mit Gefängniß von acht Tagen bis zu sechs Wochen bestraft werden.

§. 348.

Bei drei bis zehn Thalern Geldbuße soll Niemand innerhalb der Städte Pferde einfahren.

§. 349.

Gleiche Strafe trifft denjenigen, welcher in den Städten mit Schlitten ohne Geläute oder Schelle fährt.

§. 350.

8. Vernachlässigte Aufsicht über Pferde.

Niemand darf Pferde in Städten oder Dörfern auf öffentlichen Straßen oder Plätzen oder an andern Orten, wo sie durch Ausreißen oder Schlagen oder sonst Schaden anrichten können, ohne Aufsicht mit Vernachlässigung der erforderlichen Sicherheits-Maaßregeln stehen lassen. — Der Führer eines Fuhrwerks muß beim Anhalten, wenn er sich von demselben entfernen will, die Pferde zuvor absträngen, imgleichen während des Fahrens entweder stets auf dem Fuhrwerke, das Leitseil in der Hand, oder auf einem der Zugthiere, oder in ihrer unmittelbaren Nähe bleiben und das Gespann beständig unter Aufsicht halten. Wer diesen Vorschriften zuwider handelt, hat eine Geldbuße von einem bis zu zehn Thalern verwirkt.

§. 351.

9. Unvorsichtiges Aufstellen oder Aufhängen von Sachen.

Wer nach der öffentlichen Straße oder nach Orten hinaus, wo Menschen zu verkehren pflegen, vor seinen Fenstern, oder sonst an seinem Hause Sachen ohne gehörige Befestigung aufstellt oder aufhängt, durch deren Herabfallen oder Umstürzen Jemand beschädigt werden kann, hat Geldbuße bis zu fünf Thalern zu gewärtigen.

§. 352.

Gleiche Strafe hat derjenige verwirkt, welcher Sachen, wodurch die Vorübergehenden beschädigt oder verunreinigt werden können, aus den Fenstern oder sonst vom Hause herabwirft oder gießt.

§. 353.

Die Nichtbefolgung der zur Unterhaltung der öffentlichen Reinlichkeit an den Häusern oder auf den Straßen erlassenen Ortspolizei-Verordnungen ist, sofern diese nicht eine andere Strafe bestimmen, mit Geldbuße bis zu fünf Thalern zu ahnden. 10. Vernachlässigung der öffentlichen Reinlichkeit.

Vierzehnter Titel.

Verbrechen wider die persönliche Freiheit.

§. 354.

Wer unbefugter Weise einen Menschen des Gebrauchs der persönlichen Freiheit beraubt, ist mit Gefängniß oder mit Strafarbeit oder Zuchthaus bis zu fünf Jahren zu bestrafen. 1. Widerrechtliches Gefangenhalten.

War die Freiheits-Beraubung mit Gefahr oder Nachtheil für die Gesundheit verbunden, oder wurde sie an Eltern (§. 74.) verübt, so tritt Strafarbeit oder Zuchthaus bis zu zehn Jahren ein.

§. 355.

Diese Strafbestimmung (§. 354.) findet keine Anwendung, wenn

1. ein auf der That ertappter oder flüchtiger Verbrecher, ein entflohener Gefangener oder Sträfling, oder eine Person unter Umständen, welche sie der Beabsichtigung eines Verbrechens verdächtig machen,
2. im Falle der Nothwehr (§. 84.) oder einer erlaubten Selbsthülfe (§. 191.) derjenige, gegen welchen sie ausgeübt wurde, oder
3. Jemand in einem Zustande, durch welchen er selbst

oder andere der Gefahr einer erheblichen Beschädigung ausgesetzt sind, zur Abwendung dieser Gefahr festgenommen, und der Obrigkeet ohne Verzug der Festgenommene überliefert, oder doch die geschehene Festnehmung angezeigt worden ist.

Befindet sich in dem Falle zu 3. der Festgenommene unter der Aufsicht des Vaters oder Ehemanns, so ist die Ueberlieferung oder Anzeige an die Obrigkeit nicht erforderlich.

§. 356.

2. Menschenraub.

Wer sich unbefugterweise eines Menschen entweder durch List oder Gewalt, oder vor dessen zurückgelegtem sechszehnten Jahre ohne die Einwilligung seiner Eltern oder Vormünder bemächtigt, und ihn entweder dem Schutze des Staats durch Entfernung aus dem Staatsgebiete, oder dem Schutze derjenigen entzogen hat, unter deren Aufsicht oder Gewalt er steht, soll bestraft werden:

1. mit zwanzigjähriger bis lebenslänglicher Zuchthausstrafe, wenn dabei beachsichtigt wurde, den Geraubten in entfernte Weltgegenden auszusetzen, oder ihn in Sklaverei oder Leibeigenschaft zu bringen;
2. mit Zuchthausstrafe von zehn bis zu zwanzig Jahren, wenn der Geraubte in auswärtige Kriegs- oder Schiffsdienste gebracht werden sollte, oder wenn ein noch nicht volle sechszehn Jahre altes Kind geraubt worden ist, um dasselbe zum Betteln oder zu andern unsittlichen Zwecken zu gebrauchen, oder wenn das Verbrechen gegen ein solches Kind von Seiltänzern, Kunstreitern, Marionetten-Spielern oder Gauklern verübt worden ist;
3. mit Strafarbeit oder Zuchthausstrafe von fünf bis zu zehn Jahren, wenn das Verbrechen zu andern Zwecken verübt wurde.

§. 357.

Ueberlassen Eltern oder Vormünder ein noch nicht volle sechszehn Jahre altes Kind einem Andern zu den im §. 356. No. 1. und 2. bezeichneten Zwecken, so soll sowohl gegen den letzteren, als gegen die Eltern oder Vormünder in den Fällen No. 1. fünf- bis zehnjährige Zuchthausstrafe, und in den Fällen No. 2. Strafarbeit bis zu fünf Jahren eintreten.

Die Strafe fällt jedoch weg, wenn die Ueberlassung an Seiltänzer, Kunstreiter, Marionettenspieler oder Gaukler mit obrigkeitlicher Genehmigung erfolgt ist.

§. 358.

Wer sich einer Frauensperson durch List oder Gewalt bemächtigt, und dieselbe hinwegführt oder in seiner Gewalt zurückhält, um sie zur Eingehung einer Ehe oder zum unehelichen Beischlaf zu vermögen, wird bestraft: 3. Entführung.

1. wenn er einen dieser Zwecke wirklich erreicht hat, mit fünf bis zehnjähriger Strafarbeit oder Zuchthausstrafe,
2. sonst aber mit Strafarbeit oder Zuchthaus von einem bis zu fünf Jahren.

Hat derselbe sich zugleich der Nothzucht, Körperverletzung, oder eines andern Verbrechens gegen die Entführte schuldig gemacht, so finden die Vorschriften der §§. 118. u. f. Anwendung.

§. 359.

Die Bestimmungen des §. 358. treten auch gegen denjenigen ein, welcher ein noch nicht volle sechszehn Jahr altes Mädchen, mit ihrer Einwilligung, jedoch ohne Zustimmung ihrer Eltern oder Vormünder, zu den eben daselbst angegebenen Zwecken entführt.

§. 360.

Ist eine minderjährige Frauensperson, welche schon das sechszehnte Jahr zurückgelegt hat, mit ihrem Willen aus der Gewalt ihrer Eltern oder Vormünder entführt worden, so soll der Thäter mit Gefängniß nicht unter sechs Monaten oder mit Strafarbeit bis zu drei Jahren, die Entführte selbst aber mit der Hälfte dieser Strafen belegt werden.

§. 361.

Die Entführung wird nicht von Amtswegen bestraft, sondern in den Fällen des §. 358. nur auf den Antrag der Entführten oder ihrer Eltern, ihres Vormundes oder Ehegatten, und in den Fällen der §§. 359. und 360. nur auf den Antrag der genannten Angehörigen der Entführten.

§. 362.

Hat der Entführer die Entführte geheirathet, so findet die Bestrafung nur dann statt, wenn die Ehe zuvor für nichtig erklärt worden ist.

§. 363.

4. Nöthigung.

Wer unbefugterweise gegen einen Andern Gewalt oder Drohungen anwendet, um ihn zu einer Handlung, Duldung oder Unterlassung zu nöthigen, soll, wenn seine That nicht ein anderes schwereres Verbrechen darstellt, auf Antrag des Genöthigten mit Gefängniß oder Strafarbeit bis zu zwei Jahren bestraft werden.

§. 364.

5. Drohung.

Wer einen Andern mit einem strafbaren Angriff unter solchen Umständen bedroht, bei denen die Erfüllung der Drohung zu erwarten steht, soll, in sofern nicht für gewisse Fälle eine besondere Strafe bestimmt ist, auf Antrag des Bedrohten mit Geldbuße bis zu zweihundert Thalern oder mit Gefängniß bis zu sechs Monaten bestraft, und kann zugleich unter Polizei-Aufsicht gestellt werden (§§. 39. u. f.).

Ist die Drohung schon als Versuch eines Verbrechens zu betrachten, so tritt, statt der vorstehend bestimmten Strafe, die Strafe dieses Versuchs ein.

§. 365.

Wer widerrechtlich in das Haus, die Wohnung, das Geschäftszimmer oder das befriedigte Besitzthum eines Andern, oder in abgeschlossene Räume, welche zum öffentlichen Dienste bestimmt sind, eindringt, oder, wenn er ohne Befugniß darin verweilt, auf geschehene Aufforderung sich nicht entfernt, ist auf Antrag des Beleidigten mit Geldbuße bis zu einhundert Thalern oder mit Gefängniß bis zu drei Monaten zu bestrafen. Diese Strafe kann auf Strafarbeit bis zu zwei Jahren erhöht werden, wenn sich Mehrere vereint dieses Verbrechens schuldig gemacht haben. War der Thäter bei Verübung des Verbrechens mit Waffen versehen, oder ist Gewalt an Sachen verübt worden, so tritt Gefängniß nicht unter drei Monaten oder Strafarbeit bis zu vier Jahren ein. 6. Verletzung des Hausrechts.

Funfzehnter Titel.

Ueberschreitung und Mißbrauch des Rechts der Zucht.

§. 366.

Wer vermöge des Rechts der Zucht zur Anwendung einer körperlichen Züchtigung befugt ist, und diese Befugniß, es sey in der Art oder in dem Maaße der Züchtigung, überschreitet, hat, wenn er dem Gezüchtigten eine der in den §§. 322. und 323. bezeichneten Verletzungen zufügte, Gefängnißstrafe nicht unter einem Monate oder Strafarbeit bis zu fünf Jahren, in leichtern Fällen aber Geldbuße bis zu hundert Thalern oder Gefängnißstrafe bis zu drei Monaten verwirkt.

§. 367.

Wer vermöge des ihm zustehenden Rechts der Zucht

zu einer Einsperrung befugt ist, und diese Befugniß, es sey in der Art oder in der Dauer der Einsperrung überschrei tet, soll mit Gefängniß oder mit Strafarbeit bis zu fünf Jahren belegt werden. In minder erheblichen Fällen kann, anstatt der Gefängnißstrafe, auf Geldbuße bis zu hundert Thalern erkannt werden.

§. 368.

Wenn bei Ausübung des Rechts der Zucht Lehrer oder Erzieher gegen ihre Schüler oder Zöglinge, Lehrherren oder Meister gegen ihre Lehrlinge oder Gesellen, Dienstherrschaften gegen ihr Gesinde, und Schiffs-Kapitaine gegen die Schiffs-Mannschaft eine Ueberschreitung anderer Art, als der in den §§. 367. und 368. bezeichneten, sich schuldig machen, so tritt eine Geldbuße bis zu einhundert Thalern oder eine Gefängnißstrafe bis zu drei Monaten ein.

Die Vorschrift des §. 281. wegen der dem Beleidigten zu leistenden Privat-Genugthuung findet hier gleichfalls Anwendung.

§. 369.

In den Fällen des §. 368., so wie in den minder erheblichen Fällen der §§. 366. und 367. findet eine Bestrafung nur auf den Antrag des Beleidigten oder desjenigen statt, welcher denselben vor Gericht zu vertreten gesetzlich befugt ist.

§. 370.

Erlaubt sich derjenige, welchem zwar ein Recht der Zucht, nicht aber die Befugniß zur körperlichen Züchtigung oder zur Einsperrung zusteht, seinen Untergebenen körperlich zu züchtigen oder einzusperren, so finden gegen ihn die allgemeinen Strafbestimmungen über Körperverletzung (§§. 322. 323. und 326.) oder widerrechtliche Gefangenhaltung (§. 354.) Anwendung. In minder erheblichen Fällen kann jedoch, wenn der Untergebene durch ein beleidigendes oder widerspenstiges Betragen den Vorgesetzten gereizt hat, die Strafe bis auf die Hälfte gemildert, und, anstatt der Gefängnißstrafe, auf Geldbuße erkannt werden.

Sechszehnter Titel.

Verbrechen wider die Sittlichkeit.

§. 371.

Der Beischlaf zwischen ehelichen Verwandten in auf- und absteigender Linie wird 1. Blutschande.

1. an den ersteren mit Zuchthaus von drei bis zu fünf Jahren, und
2. an den letzteren mit Strafarbeit von sechs Monaten bis zu zwei Jahren

bestraft.

§. 372.

Der Beischlaf zwischen voll- oder halbbürtigen ehelichen Geschwistern wird mit ein- bis zweijähriger Strafarbeit bestraft.

§. 373.

Ist das Verwandtschaftsverhältniß unter den in den §§. 371. und 372. bezeichneten Personen ein uneheliches, so wird der Beischlaf zwischen denselben mit der Hälfte der in jenen §§. bestimmten Strafen belegt; eine Bestrafung kann aber, wenn die uneheliche Verwandtschaft von Seiten des Vaters herrührt (§. 74.), nur in sofern eintreten, als diese entweder durch Anerkenntniß des Vaters, oder durch rechtskräftiges Erkenntniß bereits festgestellt ist.

§. 374.

Wenn Stief- oder Schwieger-Eltern mit ihren Stief- oder Schwieger-Kindern den Beischlaf vollziehen, so sind

1. die Ersteren mit Strafarbeit von einem bis zu drei Jahren,
2. die Stief- oder Schwiegerkinder aber mit Gefängniß nicht unter drei Monaten

zu bestrafen.

§. 375.

Der Beischlaf des einen Ehegatten mit einem unehelichen Kinde des andern, imgleichen der Beischlaf des Vaters oder der Mutter eines unehelichen Kindes mit dessen Ehegatten hat Gefängnißstrafe nicht unter einem Monate zur Folge. Diese Strafe findet aber in den Fällen, wenn der Beischlaf von einer Ehefrau mit dem unehelichen Sohne ihres Ehemannes, oder von dem Vater mit der Ehefrau seines unehelichen Sohnes verübt worden ist, nur dann Anwendung, wenn die uneheliche Verwandtschaft der darüber im §. 373. enthaltenen Bestimmung gemäß festgestellt ist.

§. 376.

Ist in den Fällen der §§. 371. 373. 374. und 375. das Kind, mit welchem das Verbrechen verübt worden ist, noch nicht volle sechszehn Jahre alt, so bleibt dasselbe mit Strafe verschont.

§. 377.

2. Ehebruch. Der Ehebruch einer Ehefrau wird mit drei- bis sechsmonatlichem, und der Ehebruch eines Ehemannes mit sechswöchentlichem bis dreimonatlichem Gefängnisse bestraft. Gleiche Strafe, wie den ehebrecherischen Gatten, trifft den unverheiratheten Mitschuldigen; war aber auch der Mitschuldige verheirathet, so tritt gegen Beide Gefängnißstrafe nicht unter sechs Monaten ein.

§. 378.

Eine Bestrafung wegen Ehebruchs findet nur statt,

wenn wegen dieses Verbrechens auf Ehescheidung oder auf Trennung von Tisch und Bett angetragen wird. Gegen den schuldigen Ehegatten soll die Strafe (§. 377.) zugleich in dem Erkenntnisse über die Scheidung oder die Trennung durch den Eherichter von Amtswegen ausgesprochen werden.

§. 379.

Wird der Antrag auf Scheidung oder Trennung vor der rechtskräftigen Entscheidung hierüber zurückgenommen, so fällt jedes weitere Strafverfahren wegen des Ehebruchs fort; in dem Falle aber, wenn wegen eines unter zwei verheiratheten Personen verübten Ehebruchs sowohl von dem einen, als von dem andern beleidigten Ehegatten auf Scheidung oder Trennung angetragen war, nur in sofern, als Beide den Antrag zurücknehmen.

§. 380.

Die Bestrafung des Mitschuldigen, sowie derjenigen, welche die Verübung des Verbrechens durch ihre Vermittlung oder durch Verschaffung der Gelegenheit dazu befördern (§§. 398—400.) ist nach Eintritt der Rechtskraft des Scheidungs- oder Trennungs-Urtels im ordentlichen Gerichtsstande zu veranlassen.

§. 381.

Ein Ehegatte, welcher vor Auflösung seiner Ehe eine neue Ehe schließt, hat Strafarbeit oder Zuchthausstrafe von einem bis zu fünf Jahren verwirkt. Mit gleicher Strafe ist eine unverheirathete Person zu belegen, welche mit einer noch verheiratheten eine eheliche Verbindung eingeht. 3. Mehrfache Ehe.

Diese Bestimmungen sind auch dann anzuwenden, wenn die frühere Ehe nichtig war, und die neue Ehe geschlossen ward, bevor die frühere rechtskräftig für nichtig erklärt worden war.

§. 382.

Die Verjährung dieses Verbrechens (§. 381.) beginnt mit dem Zeitpunkte, zu welchem eine der beiden Ehen aufgelöst worden ist.

§. 383.

4. Nothzucht.

Wer eine Frauensperson durch Gewalt oder gefährliche Drohungen zur Duldung des außerehelichen Beischlafs zwingt, oder dieselbe, nachdem er sie absichtlich durch Beibringung betäubender Mittel des Bewußtseyns beraubt hat, in diesem Zustande zur Befriedigung der Wollust mißbraucht, soll mit fünf- bis zehnjähriger Zuchthausstrafe belegt werden.

§. 384.

Eben diese Strafe trifft denjenigen, welcher auch ohne Anwendung irgend eines Zwanges ein Mädchen, welches das zwölfte Jahr noch nicht zurückgelegt hat, zur Befriedigung der Wollust mißbraucht.

§. 385.

Hat in den Fällen der §§. 383. und 384. die gemißbrauchte Person dadurch an ihrer Gesundheit einen bleibenden Nachtheil erlitten, so tritt gegen den Schuldigen Zuchthausstrafe von zehn bis zu funfzehn Jahren, und wenn der Tod der Gemißbrauchten dadurch verursacht worden ist, funfzehnjährige bis lebenswierige Zuchthausstrafe ein.

In dem letztern Falle kann bei besonders erschwerenden Umständen auf Todesstrafe erkannt werden.

§. 386.

5. Unzucht mit bewußtlosen Personen.

Wer eine in einem willen- oder bewußtlosen Zustande befindliche Frauensperson zur Befriedigung der Wollust mißbraucht, soll, falls er deren Zustand nicht etwa absichtlich herbeigeführt hat (§. 383.), mit Strafarbeit oder Zuchthausstrafe bis zu fünf Jahren bestraft werden.

§. 387.

Wer eine Frauensperson durch vorgespiegelte Trauung oder dadurch, daß er dieselbe in einen solchen Irrthum versetzte, in welchem sie den Beischlaf für erlaubt halten mußte, zur Gestattung desselben verleitet hat, ist mit Zuchthausstrafe von zwei bis zu fünf Jahren zu belegen. 6. Betrügliche Verleitung zum Beischlaf.

§. 388.

Wer ein unbescholtenes, über zwölf, aber noch nicht volle sechszehn Jahr altes Mädchen zum Beischlaf verführt, hat dreimonatliche bis einjährige Gefängnißstrafe oder Strafarbeit verwirkt. 7. Verführung.

§. 389.

Männliche Dienstboten oder andere in Lohn und Brod der Hausherrschaft stehende männliche Hausgenossen, welche ein über sechszehn, aber noch nicht ein und zwanzig Jahr alte, dem Hausherrn oder der Hausfrau verwandte, verschwägerte, oder deren Vormundschaft, Pflege oder Aufsicht anvertraute, und bei denselben sich aufhaltende Frauensperson zum Beischlaf verführen, sind mit Gefängmiß nicht unter einem Monate zu belegen.

§. 390.

In den Fällen der §§. 383. und 386. bis 389. tritt die Untersuchung und Bestrafung nur auf den Antrag der Gemißbrauchten selbst oder ihrer Eltern, ihres Vormundes oder Ehegatten oder der Hausherrschaft (§. 389.) ein. Gemeinsame Bestimmung zu 4—7.

§. 391.

Eltern (§. 74.), Vormünder, Erzieher oder Lehrer, welche mit ihren Kindern, Pflegebefohlenen, Zöglingen oder Schülern unzüchtige Handlungen treiben, oder dieselben zur Verübung oder Duldung unzüchtiger Handlungen verleiten, sollen, sofern nicht die That ein schwereres Verbrechen in sich schließt, mit dem Verluste der Ehrenrechte (§. 33.) 8. Mißbrauch zur Unzucht.

und Strafarbeit oder Zuchthaus von einem bis zu fünf Jahren bestraft werden.

§. 392.

Vorsteher, Aufseher, Wärter oder andere Beamte von Gefangen=, Strafarbeits=, Armen= oder Kranken=Anstalten, imgleichen die bei solchen Anstalten beschäftigten Aerzte und Wundärzte, so wie Beamte, welche mit einer Frauensperson, gegen welche sie eine Untersuchung zu führen haben, oder welche ihrer amtlichen Aufsicht anvertraut ist, sich fleischlich vermischen oder andere unzüchtige Handlungen treiben, sind mit dem Verluste der Ehrenrechte (§. 33.) und mit sechsmonatlicher bis zweijähriger Strafarbeit zu bestrafen.

§. 393.

9. Widernatürliche Unzucht.

Die widernatürliche Befriedigung des Geschlechtstriebes wird bestraft:

1. wenn sie an einer Person unter Anwendung von Zwang, oder an einem noch nicht zwölf Jahre alten Kinde verübt worden, mit Zuchthaus nicht unter fünf Jahren,
2. wenn der Thäter eine noch nicht volle sechszehn Jahre alte Person, oder eine solche dazu gemißbraucht hat, zu welcher er in einem der in den §§. 391. u. 392. bezeichneten Verhältnisse steht, mit Zuchthaus nicht unter zwei Jahren, und
3. in anderen Fällen, welche zur Sodomie zu rechnen sind, mit Zuchthaus oder Strafarbeit nicht unter einem Jahre.

Zugleich ist, auch wenn nur auf Strafarbeit erkannt worden, der Verlust der Ehrenrechte (§. 33.) auszusprechen.

§. 394.

Hat in dem Falle des §. 393. No. 1. die gemißbrauchte Person einen bleibenden Nachtheil an ihrer Gesundheit erlitten, so ist auf Zuchthaus nicht unter zehn Jahren zu erkennen.

Ist der Tod der gemißbrauchten Person verursacht worden, so treten die Strafen ein, welche für diesen Fall nach §. 385. bei dem Verbrechen der Nothzucht stattfinden.

§. 395.

Grobe Angriffe auf die weibliche Schaamhaftigkeit sind, insofern nicht nach den Vorschriften der §. 383 — 387., 391. und 392. eine härtere Strafe stattfindet, mit Gefängniß nicht unter einem Monate oder mit Strafarbeit bis zu zwei Jahren zu belegen. 10. Grobe Angriffe auf die weibliche Schaamhaftigkeit.

Auch kann auf den Verlust der Ehrenrechte (§. 33.) erkannt werden.

§. 396.

Gleiche Strafe (§. 395.) trifft den, welcher sich öffentlich einer groben Verletzung der Schaamhaftigkeit schuldig macht. 11. Oeffentliche Verletzung der Schaamhaftigkeit.

§. 397.

Eben diese Strafe (§. 395.) hat derjenige verwirkt, welcher unzüchtige bildliche Darstellungen oder Schriften öffentlich ausstellt oder im Umhertragen feilbietet.

Auch sind sämmtliche Exemplare solcher Darstellungen und Schriften, so wie die Platten oder Formen, mit denen die erstern angefertigt sind, zu konfisziren und zu vernichten.

§. 398.

Wer die Unzucht minderjähriger oder verheiratheter Personen durch seine Vermittelung, oder durch Gewährung, oder Verschaffung der Gelegenheit dazu befördert, hat neben dem Verluste der Ehrenrechte (§. 33.) Strafarbeit oder Zuchthausstrafe bis zu drei Jahren verwirkt. 12. Kuppelei.

§. 399.

Wer der Unzucht durch seine Vermittelung oder durch Gewährung oder Verschaffung der Gelegenheit dazu aus

Gewinnsucht Vorschub leistet, ist mit Zuchthausstrafe von einem bis zu fünf Jahren zu belegen.

§. 400.

Diese Strafen (§§. 398. u. 399.) können bis zur Verdoppelung geschärft werden, wenn zur Verübung des Verbrechens Gewalt oder hinterlistige Kunstgriffe angewandt worden sind.

§. 401.

Polizeiliche Vorschrift.

Weibspersonen, welche den polizeilichen Anordnungen zur Verhütung der gewerbmäßigen oder öffentlichen Unzucht zuwiderhandeln, sind von der Polizeibehörde, ohne Zulassung eines gerichtlichen Verfahrens, mit Gefängniß bis zu sechs Wochen zu bestrafen.

Siebzehnter Titel.

Diebstahl und Unterschlagung.

§. 402.

I. Diebstahl. Begriff.

Einen Diebstahl begeht, wer eine fremde bewegliche Sache ihrem Eigenthümer oder Inhaber ohne dessen Einwilligung in der Absicht wegnimmt, dieselbe sich oder einem Andern rechtswidrig zuzueignen.

Der Diebstahl ist vollendet, sobald der Thäter die Sache an sich genommen hat.

§. 403.

Entwendungen unter Ehegatten begründen nur einen Civil-Anspruch.

§. 404.

Diebstahl unter Verwandten und Verschwägerten in auf- und absteigender Linie, unter Geschwistern, so wie unter Adoptiv-Eltern und Kindern, imgleichen an Pflege-Eltern, Vormündern und Erziehern wird nur auf den Antrag des Bestohlenen bestraft.

Befindet sich jedoch der Bestohlene unter der häuslichen Zucht einer andern Person, so ist nur letztere zu dem Antrage berechtigt.

Wenn andere Mitschuldige vorhanden sind, ist auch gegen diese die Untersuchung nur auf Antrag zu eröffnen.

§. 405.

Der Diebstahl ist mit Gefängniß nicht unter sechs Wochen oder mit Strafarbeit bis zu fünf Jahren zu bestrafen. Gemeiner Diebstahl.

§. 406.

Auf Strafarbeit soll jederzeit erkannt werden, wenn

1. der Diebstahl in einem zum Gottesdienste bestimmten Gebäude begangen wird und nicht die strengere Strafe des §. 407. Nr. 1. eintritt;
2. der Diebstahl an öffentlichen Denkmälern verübt wird;
3. Bäume, die auf öffentlichen Wegen oder Plätzen stehen, gestohlen werden;
4. der Diebstahl
   an Getreide aus freistehenden, zu dessen Aufbewahrung aufgestellten Fruchthaufen,
   an Vieh auf der Weide, in Pferchen oder Nachtkoppeln,
   an Bienenstöcken auf dem Stande,
   an Ackergeräthen auf dem Felde,
   an Tuchen, Linnen, anderen Geweben oder Garnen auf dem Rahmen oder auf der Bleiche
   verübt wird;
5. Wächter Sachen, die ihrer Bewachung anvertraut waren, stehlen, oder einen Diebstahl an solchen Sachen wissentlich geschehen lassen;

6. Gäste in den Wirthshäusern stehlen;
7. der Diebstahl mittelst Einbruchs oder Einsteigens in Gebäude verübt wird und nicht die strengere Strafe des §. 407. No. 2. eintritt.

§. 407.

Schwerer Diebstahl.

Der Diebstahl wird mit Zuchthaus von zwei bis zu zehn Jahren bestraft, wenn

1. Gegenstände, welche dem Gottesdienste unmittelbar gewidmet sind, aus einem zum Gottesdienste bestimmten Gebäude entwendet werden;
2. der Diebstahl durch Einsteigen von Außen, mittelst Einbruchs, oder mittelst falscher Schlüssel, in einem zum Gottesdienste bestimmten Gebäude oder in bewohnten Gebäuden verübt wird;
3. der Dieb sich in ein fremdes bewohntes Gebäude einschleicht oder darin verbirgt, und in demselben den Diebstahl während der Nacht, d. h. in der Zeit von einer Stunde nach Sonnen-Untergang bis zu einer Stunde vor Sonnen-Aufgang verübt;
4. der Diebstahl mittelst Abschneidens, Ablösens oder Erbrechens der Befestigungs- oder Verwahrungsmittel, oder durch Anwendung falscher Schlüssel,
   a) auf öffentlichen Plätzen, Land- oder Wasserstraßen, imgleichen auf Post- oder Eisenbahnhöfen,
   b) an den durch die Post, auf Eisenbahnen, zu Schiffe oder durch Frachtfuhrleute versandten Sachen

   verübt wird;
5. der Dieb Waffen bei sich führt, sofern nicht aus besondern Umständen erhellet, daß derselbe nicht die Absicht gehabt habe, von den Waffen Gebrauch zu machen.

6. der Diebstahl von einem Gastwirthe an Sachen seiner Gäste begangen wird;
7. der Dieb eine Wassers-, Feuers- oder Kriegsnoth, oder sonst einen Nothstand zur Verübung des Diebstahls benutzt;
8. der Dieb sich blödsinniger Personen oder Kinder unter zwölf Jahren ohne Gewalt oder Drohung gegen deren Person bemächtigt und ihnen Geld oder Sachen, welche sie an oder bei sich tragen, wegnimmt.

§. 408.

Zu den bewohnten Gebäuden werden gerechnet:

1. Häuser, Gebäude, Schiffe und Hütten, in welchen Menschen wohnen, sollte sich auch zur Zeit des begangenen Diebstahls Niemand darin aufgehalten haben;
2. der zu einem bewohnten Gebäude gehörige Hofraum, in sofern derselbe umschlossen ist, so wie die in einem solchen Hofraum befindliche Gebäude jeder Art.

Ein Hofraum ist umschlossen, wenn man in denselben nur durch den Gebrauch von Schlüsseln, durch Einbrechen oder Einsteigen gelangen kann.

§. 409.

Als Einsteigen von Außen ist anzusehen, wenn eingedrungen wird

1. in Gebäude oder umschlossene Hofräume über Dachwerk, Thüren, Mauern, oder andere zur Schutzwehr gegen das Eindringen von Menschen bestimmte Einfriedigungen, oder
2. in Gebäude durch Fenster, Kellerlöcher oder andere dergleichen nicht zum Eingange bestimmte, unter oder über der Erde befindliche Oeffnungen.

§. 410.

Einen Einbruch begeht,

1. wer mittelst irgend eines Werkzeugs oder auf irgend eine gewaltsame Weise entweder einen vorher nicht vorhanden gewesenen oder einen verschlossenen Eingang sich eröffnet, oder eine schon vorhandene Oeffnung zum Eindringen erweitert, oder sonst eine Oeffnung macht, mittelst welcher er den vorhandenen Eingang zum Eindringen sich öffnen, oder auch, ohne einzudringen, die Entwendung im Innern vollbringen kann, imgleichen
2. derjenige, welcher im Innern eines Gebäudes in vorstehender Weise Thüren, Wände, Eingänge oder Durchgänge, Schränke, Kisten oder andere ähnliche Behältnisse eröffnet.

§. 411.

Unter falschen Schlüsseln werden verstanden Dietriche, Haken und andere zum Oeffnen von Schlössern geeignete Werkzeuge, sowie nachgemachte, veränderte und solche Schlüssel, welche nicht für das damit geöffnete Schloß bestimmt waren. Den falschen Schlüsseln sind hierin die von dem Diebe vorher entwendeten rechten Schlüssel gleich zu achten.

§. 412.

Diebstahl in Banden.

Diebstahl in Banden (§. 69.) wird mit fünf- bis funfzehnjährigem Zuchthause bestraft.

Ist einer der Theilnehmer als Anführer aufgetreten, so trifft denselben zehnjährige bis lebenswierige Zuchthausstrafe.

§. 413.

Leichendiebstahl.

Diebstähle an Gegenständen verübt, welche einer bereits zu ihrer Ruhestätte gebrachten Leiche beigegeben waren, sowie die Entwendung einer Leiche oder eines Theiles derselben, werden mit Strafarbeit bis zu fünf Jahren bestraft.

Ist der Diebstahl von Todtengräbern oder andern auf dem Friedhofe angestellten Aufsehern begangen, so tritt Zuchthausstrafe bis zu zehn Jahren ein.

§. 414.

Der Forst-, Wild- und Fischdiebstahl wird nach besondern Vorschriften bestraft.

§. 415.

Beim ersten und zweiten Rückfalle ist gegen den Dieb die Bestimmung des §. 123. mit der Maaßgabe in Anwendung zu bringen, daß in den Fällen der §§. 405. 406. und 413. stets auf Zuchthausstrafe zu erkennen ist. Rückfall.

Beim dritten Rückfalle tritt funfzehnjährige bis lebenswierige Zuchthausstrafe ein.

Es macht hierbei keinen Unterschied, ob die früher verübten Verbrechen Diebstähle oder gleichartige Verbrechen (§. 124.) sind.

§. 416.

Die Strafe ist bei der Zumessung besonders dann zu steigern, wenn der Diebstahl Zumessungsgründe.

1. bei Nachtzeit (§. 408. No. 3.), oder
2. von Personen, welche für Lohn oder Kost Dienste leisten, oder zur Erlernung einer Kunst oder eines Gewerbes angenommen worden sind, an der Dienstherrschaft, dem Meister, Hausherrn oder an einer Person, welche sich mit dem Thäter in derselben häuslichen Gemeinschaft befindet, verübt wird.

§. 417.

Wer Sachen, von denen er weiß, daß sie gestohlen sind, verheimlicht, oder einen Dieb in Beziehung auf den verübten Diebstahl aus eigenem Interesse begünstigt oder an den Vortheilen eines zu seiner Kenntniß gekommenen Diebstahls Theil nimmt, wird nach §. 72. mit der Maaß- Hehlerei.

gabe bestraft, daß nach Bewandniß der Umstände auch auf Zuchthausstrafe, niemals aber auf Geldbuße erkannt werden kann.

Als Hehler ist auch derjenige anzusehen, welcher Sachen, von denen er weiß, daß sie gestohlen sind, kauft oder zum Pfande nimmt.

§. 418.

Wer aus der Verhehlung gestohlener Sachen oder der Begünstigung von Dieben ein Gewerbe macht, hat Zuchthausstrafe bis zu fünf Jahren verwirkt.

Als gewerbmäßiger Hehler wird derjenige angesehen, welcher das Verbrechen mehr als zweimal begangen hat.

§. 419.

Im Rückfalle (§§. 417. 418.) finden die Bestimmungen des §. 415. Anwendung.

§. 420.

Gemeinsame Bestimmungen: a) Verlust der Ehrenrechte.

In allen Fällen des Diebstahls und der Hehlerei tritt, auch wenn nur auf Gefängniß oder Strafarbeit erkannt wird, der Verlust der Ehrenrechte (§. 33.) ein.

§. 421.

b) Polizei-Aufsicht.

Bei dem schweren Diebstahle (§. 407.), bei dem Diebstahle in Banden (§. 412.), bei der gewerbmäßigen Diebeshehlerei (§. 418.), so wie in allen Rückfällen bei Diebstahl und Hehlerei ist jederzeit auf Stellung unter Polizei-Aufsicht zu erkennen.

In wiefern letztere auch in anderen Fällen des Diebstahls und der Hehlerei eintreten soll, hat der Richter zu ermessen.

§. 422.

c) Körperliche Züchtigung.

Bei den im ersten Satze des §. 421. bezeichneten Verbrechen des Diebstahls und der Hehlerei kann, in sofern zeitige Freiheitsstrafe eintritt, zugleich auf körperliche Züchtigung erkannt werden.

§. 423.

Wer eine fremde bewegliche Sache, welche er auf Grund eines, deren Herausgabe an den Eigenthümer oder einen Dritten bedingenden, Rechtsgeschäfts in seinem Besitze oder seiner Gewahrsam hat, in rechtswidriger Absicht sich zueignet, ist der Unterschlagung schuldig. II. Unterschlagung.

Als Zueignung wird insonderheit angesehen, wenn der Inhaber die Sache veräußert, verpfändet oder verbraucht, oder sonst in seinen Nutzen verwendet, oder den Besitz oder die Gewahrsam derselben wider besseres Wissen dem Berechtigten abläugnet.

§. 424.

Einer Unterschlagung wird es gleich geachtet, wenn derjenige, welcher eine Sache gefunden oder auf andere Art zufällig in seine Gewahrsam bekommen hat, solches auf Befragen der Obrigkeit abläugnet, oder die Sache durch Verwendung in seinen Nutzen dem Eigenthümer zu entziehen sucht.

§. 425.

Die Unterschlagung wird mit Verlust der Ehrenrechte (§. 33.) und mit Gefängniß nicht unter sechs Wochen oder mit Strafarbeit bis zu fünf Jahren bestraft, und es kann zugleich auf Stellung unter Polizei-Aufsicht erkannt werden.

§. 426.

Es soll jedoch niemals auf Gefängniß, und es kann nach Umständen sogar auf Zuchthaus bis zu fünf Jahren erkannt werden, wenn

1. das Verbrechen durch Oeffnen von Schloß oder Siegel, oder durch Erbrechen von Behältnissen verübt wird;
2. Sachen, die bei einer Wassers-, Feuers- oder Kriegsnoth, oder sonst während eines Nothstandes anvertraut worden, unterschlagen werden;

3. Personen, welche Kommissions- oder Speditionshandel treiben, Gastwirthe, Fuhrleute oder Schiffsleute, öffentliche Boten, Inhaber öffentlicher Pfandhäuser, desgleichen die von ihnen angenommenen Gehülfen, z. B. Handlungsdiener, Schreiber, Aufseher, Fuhr- oder Schiffsknechte u. s. w., Sachen, die ihnen vermöge solcher Geschäfte oder Gewerbe anvertraut sind, unterschlagen;
4. Vormünder, Kuratoren, Sequester, Testaments-Exekutoren oder Verwalter von Stiftungen an den ihnen in dieser Eigenschaft anvertrauten Sachen eine Unterschlagung begehen;
5. diejenigen, welche zu gewissen Geschäften von einer öffentlichen Behörde verpflichtet sind, hierbei einer Unterschlagung sich schuldig machen.

§. 427.

Im Rückfalle finden die Vorschriften der §§. 415. und 421. Anwendung.

§. 428.

Die Strafe ist bei der Zumessung besonders dann zu steigern, wenn die Unterschlagung von den im §. 416. No. 2. bezeichneten Personen begangen wird.

§. 429.

Was über die Unzulässigkeit einer Strafe bei Entwendungen unter Ehegatten (§. 403.) und über die Ausschließung des Verfahrens von Amtswegen bei den im §. 404. erwähnten Diebstählen verordnet ist, findet auch bei der Unterschlagung statt.

§. 430.

Die Unterschlagung der Haus- und Wirthschaftsbeamten, Gewerbsgehülfen und Dienstboten wird nur auf den Antrag der Herrschaft bestraft.

§. 431.

Die Bestimmungen über die Hehlerei beim Diebstahl (§§. 417—422.) finden auch auf die Hehlerei bei der Unterschlagung Anwendung.

§. 432.

III. Polizeiliche Strafvorschriften: 1) Entwendung oder Unterschlagung von Eßwaaren.

Die Entwendung oder Unterschlagung von Eßwaaren, Getränken, Garten- oder Feldfrüchten zum eigenen Genuß oder Verbrauch auf der Stelle soll, in sofern sie nicht von den im §. 426. No. 3. erwähnten Personen unter den daselbst angegebenen Verhältnissen begangen wird, nur mit Geldbuße bis zu funfzig Thalern oder mit Gefängniß bis zu sechs Wochen bestraft werden.

§. 433.

Dieselbe Strafe (§. 432.) soll eintreten, wenn bei geringfügigen Gegenständen aus den Umständen erhellet, daß die Handlung nicht in der Absicht geschehen ist, sich unredlicher Weise Gewinn zu verschaffen.

§. 434.

2) Unvorsichtiger Ankauf gestohlener oder unterschlagener Sachen.

Wer gestohlene oder unterschlagene Sachen erwirbt oder zum Pfande nimmt, von denen er mit Rücksicht auf die Person dessen, der sie ihm anbot, und auf die Umstände, unter welchen dies geschah, vermuthen konnte, daß sie gestohlen oder unterschlagen waren, hat Geldbuße bis zu funfzig Thalern oder Gefängniß bis zu sechs Wochen verwirkt.

§. 435.

3) Widerrechtliche Zueignung verschossener Eisen-Munition.

Wegen der widerrechtlichen Zueignung der bei den Uebungen der Artillerie verschossenen Eisen-Munition, hat es bei der Verordnung vom 23sten Juli 1833. sein Bewenden, und es soll ohne Unterschied des Werths des Unterschlagenen die Strafe in Geldbuße bis zu funfzig Thalern oder in Gefängniß bis zu sechs Wochen bestehen.

Achtzehnter Titel.

Raub und Erpressung.

§. 436.

I. Raub. Begriff. Einen Raub begeht derjenige, welcher gegen eine Person Gewalt verübt, oder Drohungen mit gegenwärtiger Gefahr für Leib oder Leben anwendet, um entweder einen Diebstahl auszuführen, oder um sich, bei dem Diebstahl betroffen oder auf frischer That verfolgt, im Besitze des gestohlenen Guts zu erhalten.

Das Verbrechen ist vollendet, sobald in der erwähnten Absicht Gewalt oder Drohung angewandt ist.

§. 437.

Strafe. Der Raub ist mit fünfjährigem bis lebenswierigem Zuchthaus zu bestrafen.

Es soll jedoch niemals auf eine geringere als zehnjährige Zuchthausstrafe erkannt werden, wenn

1. der Raub mittelst Einbruchs oder Einsteigens in Gebäude der im §. 407. No. 2. bezeichneten Art, oder
2. auf einem öffentlichen Wege oder Platze verübt worden ist;
3. der Räuber Waffen bei sich geführt hat; oder
4. bei dem Raube ein Mensch gemartert oder auf die im §. 323. bezeichnete Weise verletzt worden ist.

§. 438.

Raub in Banden zieht lebenswierige Zuchthausstrafe nach sich.

Ist einer der Theilnehmer als Anführer aufgetreten, so trifft denselben die Todesstrafe.

§. 439.

Wer schon früher wegen Raubes bestraft worden ist, und von neuem einen Raub begeht, hat lebenswierige Zuchthausstrafe verwirkt.

§. 440.

Gegen Räuber, welche zu einer zeitigen Zuchthausstrafe verurtheilt werden, kann zugleich körperliche Züchtigung eintreten.

Dieselben sind jederzeit unter Polizei-Aufsicht zu stellen.

§. 441.

Wer sich der Hehlerei an geraubten Sachen schuldig macht, soll, wenn er von dem Raube Kenntniß hatte, in dem Falle des §. 417. mit Zuchthaus bis zu fünf Jahren, und in dem Falle des §. 418. mit Zuchthaus von fünf bis zu zehn Jahren bestraft werden.

Auch finden gegen ihn die Bestimmungen des §. 440. Anwendung.

§. 442.

Wer außer dem Falle des Raubes durch Gewalt oder Drohungen Jemanden zu einer Handlung, Duldung oder Unterlassung nöthigt, um sich oder Andern einen rechtswidrigen Vortheil zu verschaffen, macht sich der Erpressung schuldig. II. Erpressung.

Das Verbrechen ist vollendet, sobald in der erwähnten Absicht Gewalt oder Drohung angewandt ist.

§. 443.

Ist die Erpressung durch Gewalt an Personen oder durch Drohungen mit gegenwärtiger Gefahr für Leib oder Leben verübt worden, so treten nach Verschiedenheit der Fälle die für den Raub in den §§. 437—441. bestimmten Strafen ein.

§. 444.

In anderen, als den im §. 443. bezeichneten Fällen wird die Erpressung mit Strafarbeit oder Zuchthaus bis zu zehn Jahren bestraft, und der Thäter unter Polizei-Aufsicht gestellt.

Jedoch ist auf Zuchthaus nicht unter drei Jahren zu erkennen, wenn die Erpressung durch mündliche oder schriftliche Bedrohung mit zukünftiger Verübung eines Mordes oder einer Ueberschwemmung (§. 524.) oder Brandstiftung (§§. 529. 530.) geschehen ist.

§. 445.

Drohung mit einer Denunziation oder Civilklage, von welcher der Drohende weiß, daß sie ungegründet ist, zieht Gefängnißstrafe nach sich.

Hat die angedrohte Denunziation ein Verbrechen zum Gegenstande, so tritt die Strafe im ersten Absatze des §. 444. ein.

§. 446.

Die Strafe der Erpressung ist bei der Zumessung besonders zu steigern, wenn sie durch Mißbrauch oder Vorspiegelung einer Amtsgewalt verübt worden ist.

§. 447.

Die §§. 415. und 421. finden auch auf die Erpressung Anwendung.

Neunzehnter Titel.

Betrug und Untreue.

§. 448.

1) Betrug. Wer zum Nachtheil der Rechte eines Andern, es mag dabei ein Vortheil beabsichtigt seyn oder nicht, Jemanden arglistigerweise in einen Irrthum versetzt und dadurch in Schaden bringt, begeht einen Betrug.

§. 449.

Der Betrug wird mit Gefängniß nicht unter vierzehn Tagen oder mit Strafarbeit bis zu fünf Jahren und zugleich mit Geldbuße von funfzig bis zu tausend Thalern bestraft.

Außerdem kann auch auf Verlust der Ehrenrechte (§. 33.) und auf Stellung unter Polizei-Aufsicht erkannt werden.

§. 450.

Es soll jedoch niemals auf Gefängniß, und es kann nach Umständen sogar auf Zuchthaus bis zu fünf Jahren erkannt werden, wenn der Betrug verübt wird:

1. von Vormündern, Kuratoren, Sequestern, Testaments-Exekutoren oder Verwaltern von Stiftungen gegen diejenigen, deren Angelegenheiten ihnen anvertraut sind;
2. durch Mißbrauch der Religion, religiöser Handlungen oder solcher Gegenstände, welche sich nur zum Gebrauche beim Gottesdienst eignen;
3. durch Mißbrauch eines echten, oder durch Anwendung eines falschen öffentlichen Siegels, Stempels oder Merkzeichens;
4. durch fälschliche Beilegung einer Amtseigenschaft oder durch Vorspiegelung eines amtlichen Auftrags;
5. Bei Kollekten durch falsche Angabe ihres Zweckes oder Anlasses;
6. Durch Mißbrauch einer für einen Andern bestimmten öffentlichen Urkunde;
7. durch Vernichtung, Beschädigung oder Unterdrückung von Urkunden;
8. durch Gebrauch einer Urkunde, welche über ein Scheingeschäft ausgestellt worden ist;
9. durch Verbreitung unwahrer Gerüchte, welche auf das Steigen oder Fallen des Preises der Waaren oder der zum öffentlichen Umlauf bestimmten Schuldpapiere einwirken;
10. von Gewerbtreibenden, durch Anwendung unrichtiger zum Messen oder Wiegen bestimmter Werkzeuge;
11. von Gewerbtreibenden, welche Gold, Silber oder Edel-

steine feil halten oder verarbeiten, durch Verkauf von unechten oder geringhaltigern Gegenständen dieser Art für echte oder vollhaltigere, oder durch Vertauschung von dergleichen ihnen anvertrauten echten oder vollhaltigern Gegenständen, gegen unechte oder geringhaltigere.

12. durch Verausgabung mit einem öffentlichen Siegel verschlossener und mit Angabe des Inhalts versehener Geldbeutel, Geldpakete und Geldrollen, deren Inhalt durch künstliche Eröffnung verringert worden ist;
13. durch unrichtige Führung der eigenen Handelsbücher;
14. vom Versicherer gegen den Versicherten oder vom letztern gegen den erstern in Bezug auf das Versicherungsgeschäft. Diese Bestimmung tritt in die Stelle der Strafvorschrift im zweiten Absatze des §. 28. des Gesetzes über das Mobiliar-Feuer-Versicherungs-Wesen vom 8. Mai 1837.

In diesen Fällen (No. 1—14.) soll zugleich jederzeit der Verlust der Ehrenrechte (§. 33.) eintreten.

In dem Falle zu 10. findet außerdem die Konfiskation der unrichtigen zum Messen oder Wiegen bestimmten Werkzeuge, so wie in dem Falle zu 11. die Konfiskation des noch im Besitze des Betrügers befindlichen Gegenstandes des Betrugs statt.

§. 451.

Was über die Unzulässigkeit einer Strafe bei Entwendungen unter Ehegatten (§. 404.) und über die Ausschließung des Verfahrens von Amtswegen bei den im §. 405. erwähnten Diebstählen verordnet ist, findet in gleicher Art auch beim Betruge statt.

Die §§. 415. und 421. finden auch auf den Betrug Anwendung.

§. 452.

2) Untreue der Vormünder, Kuratoren u. s. w.

Vormünder, Kuratoren, Sequester und Verwalter von Stiftungen, welche vorsätzlich zum Nachtheile derjenigen handeln, deren Vermögen ihrer Aufsicht oder Verwaltung anvertraut ist, sind, in sofern nicht durch die Handlung eine härtere Strafe verwirkt ist, mit Strafarbeit oder Zuchthaus bis zu fünf Jahren und zugleich Geldbuße von funfzig bis zu tausend Thalern, sowie mit dem Verluste der Ehrenrechte (§. 33.) zu bestrafen.

§. 453.

Gegen Bevollmächtigte, Rechtsbeistände, Haus- und Wirthschaftsbeamte, Gewerbsgehülfen und Dienstboten, welche bei den ihnen übertragenen Geschäften vorsätzlich diejenigen benachtheiligen, deren Geschäfte sie besorgen, treten die Strafen der Unterschlagung ein. (§§. 425. 427. u. 433.)

§. 454.

Die Untreue der Haus- und Wirthschaftsbeamten, Gewerbsgehülfen und Dienstboten wird nur auf den Antrag der Herrschaft bestraft.

§. 455.

Polizeiliche Strafvorschriften: Gebrauch ungestempelten Maaßes oder Gewichts.

Gewerbtreibende, bei denen ein zum Gebrauche in ihrem Gewerbe geeignetes, mit dem Stempel eines inländischen Eichungs-Amtes nicht versehenes Maaß oder Gewicht oder eine unrichtige Waage gefunden wird, sollen, auch wenn sie sich desselben nicht in ihrem Gewerbe bedient haben, mit Konfiskation des ungeeichten Maaßes oder Gewichts und zugleich mit Geldbuße bis zu funfzig Thalern bestraft werden.

In Ansehung der Bestrafung sonstiger Vergehen wider die Maaß- und Gewichts-Polizei hat es bei den darüber bestehenden Verordnungen sein Bewenden.

Zwanzigster Titel.

Fälschung.

§. 456.

I. Münzverbrechen. Wer inländisches oder ausländisches Metall- oder Papiergeld nachmacht, echtes Metall- oder Papiergeld in einer Weise verändert, daß dasselbe den Schein eines höhern Werthes erhält, oder verrufenem Metall- oder Papiergelde durch Veränderungen an demselben das Ansehen eines noch geltenden giebt, begeht eine Münzfälschung.

Das Verbrechen ist mit dem Nachmachen oder Verfälschen des Geldes vollendet.

§. 457.

Der Münzfälscher (§. 456.) soll mit Zuchthaus von fünf bis zwanzig Jahren bestraft und unter Polizei-Aufsicht gestellt werden.

§. 458.

Wer den Werth echter, im Umlaufe befindlicher Metall-Geldstücke durch Beschneiden, Abfeilen oder auf andere Art verringert, hat Zuchthausstrafe bis zu fünf Jahren verwirkt, und ist unter Polizei-Aufsicht zu stellen.

§. 459.

Bei Zumessung der Strafe (§§. 457. und 458.), ist besonders zu berücksichtigen, ob der Thäter das Geld ausgegeben hat, oder nicht.

§. 460.

Wer falsches Geld (§§. 456. und 458.), wissend daß es falsch ist, ausgiebt oder aus dem Auslande einführt, hat die in den §§. 457. und 458. bestimmte Strafe verwirkt.

Ist jedoch nach den Umständen anzunehmen, daß derselbe das falsche Geld als echt empfangen oder nicht in der Absicht, es weiter zu verbreiten, an sich gebracht hat, so tritt nur eine Geldbuße von zehn bis zu fünfhundert Thalern ein.

§. 461.

Die Bestimmungen der §§. 456. 457. 459. und 460. finden auch Anwendung, wenn die daselbst bezeichneten Handlungen in Beziehung auf in- oder ausländische, unter öffentlicher Autorität, zum Umlauf bestimmte Schuld-Urkunden oder deren Zinsscheine begangen worden sind.

§. 462.

II. Urkunden-Fälschung.

Wer in betrügerischer Absicht (§. 448.) eine falsche Urkunde anfertigt oder eine echte Urkunde verfälscht, begeht eine Urkundenfälschung.

Das Verbrechen ist vollendet, sobald von der falschen oder verfälschten Urkunde Gebrauch gemacht worden, auch wenn noch keine Täuschung dadurch bewirkt ist.

Unter Urkunde ist jede Schrift zu verstehen, welche zum Beweise einer Thatsache dienen kann.

§. 463.

Einer Urkundenfälschung ist es gleich zu achten, wenn Jemand in betrügerischer Absicht (§. 448.) ein nur mit der Unterschrift eines Andern versehenes Papier mit einem Aufsatze ausfüllt oder ausfüllen läßt.

§. 464.

Die Urkundenfälschung wird mit Verlust der Ehrenrechte (§. 33.) sowie mit Strafarbeit oder Zuchthaus bis zu fünf Jahren und zugleich mit Geldbuße von funfzig bis zu tausend Thalern bestraft. Auch kann außerdem auf Stellung unter Polizei-Aufsicht erkannt werden.

§. 465.

Zuchthaus von zwei bis zu zehn Jahren und Geldbuße von einhundert bis zu zweitausend Thalern und jederzeit Stellung unter Polizei-Aufsicht trifft denjenigen, welcher

1. Urkunden, welche mit der Unterschrift des Königs oder mit dem Königlichen Insiegel ausgefertigt sind,
2. inländisches Stempelpapier oder Urkunden, welche von in- oder ausländischen Staats-, Kommunal- oder Korporationsbehörden, von in- oder ausländischen Beamten, oder von solchen Personen, welche nach den Gesetzen des In- oder Auslandes öffentlichen Glauben haben, aufgenommen, ausgefertigt oder beglaubigt sind,
3. Bücher, Register, Kataster oder Inventarien, welche unter amtlichem Glauben geführt werden,
4. letztwillige Verordnungen,
5. Wechsel, kaufmännische Anweisungen und Handelsbillets

verfälscht oder dergleichen falsche Urkunden anfertigt.

§. 466.

Die in den §§. 464. und 465. bestimmten Strafen treffen auch denjenigen, welcher zwar die Fälschung einer Urkunde nicht selbst verübt, von derselben jedoch, obgleich er weiß, daß sie falsch oder verfälscht ist (§§. 462. und 463.), in betrügerischer Absicht Gebrauch macht.

§. 467.

Die §§. 415. und 421. gelten auch für die Urkundenfälschung.

§. 468.

Wer vorsätzlich die Aufnahme unrichtiger Thatsachen in öffentliche Urkunden, Bücher, Register u. s. w. veranlaßt, wird mit Gefängniß oder mit Strafarbeit bis zu zwei Jahren bestraft.

Liegt der Handlung eine betrügerische Absicht (§. 448.) zum Grunde, so tritt die im §. 465. bestimmte Strafe ein

§. 469.

Gefängniß oder Strafarbeit bis zu zwei Jahren trifft denjenigen, welcher

1. einen falschen Reisepaß anfertigt, einen echten Reisepaß verfälscht, oder von einem falschen oder verfälschten Reisepaß wissentlich Gebrauch macht, oder
2. in einem Reisepaß einen falschen Namen annimmt, von einem echten für einen Andern ausgestellten Reisepaß, als sey er für ihn ausgestellt, Gebrauch macht, einen für ihn ausgestellten Reisepaß einem Andern zum Gebrauch überläßt, oder als Zeuge dazu mitwirkt, daß ein Reisepaß unter einem falschen Namen verabfolgt wird.

Ist die unter 1. bezeichnete Handlung in betrügerischer Absicht (§. 448.) verübt, so tritt die Strafe der Fälschung (§. 465.) ein. Ist von einem echten Passe in betrügerischer Absicht Gebrauch gemacht worden, so kommt die Strafe des §. 450. No. 6. zur Anwendung.

§. 470.

Die im §. 469. bestimmten Strafen treten gleichfalls ein, wenn die darin bezeichneten Handlungen in Beziehung auf Legitimationsscheine, welche die Stelle eines Reisepasses vertreten, ferner in Beziehung auf Zwangspässe, Wanderbücher, Fähigkeits- und Führungs-Zeugnisse, Heimathscheine, militairische Urlaubspässe oder Marschrouten verübt worden sind.

§. 471.

III. Unbefugte Anfertigung und rechtswidriger Gebrauch öffentlicher Siegel, Stempel ꝛc.

Die unbefugte Anfertigung öffentlicher Siegel, Stempel, u. s. w. wird nach der Verordnung vom 6ten Juni 1835. bestraft.

§. 472.

Ist von einem der im §. 1. der Verordnung vom

6ten Juni 1835. bezeichneten Siegel, Stempel u. s. w. ein rechtswidriger Gebrauch gemacht worden, so soll, wenn nicht durch die Handlung als Münz- oder Urkundenfälschung, oder als Betrug eine härtere Strafe verwirkt ist, der Thäter mit Gefängniß nicht unter sechs Wochen oder mit Strafarbeit bis zu fünf Jahren bestraft werden.

§. 473.

IV. Fälschung von Grenzmalen.

Die im §. 465. bestimmte Strafe trifft auch denjenigen, welcher in betrügerischer Absicht Grenzmale vernichtet, unkenntlich macht oder verrückt, oder Sicher- oder Merkpfähle, welche die Höhe des Wasserstandes bezeichnen, verändert.

§. 474.

V. Fälschung von Waaren-Bezeichnungen.

In Ansehung der Fälschung von Waarenbezeichnungen, welche nicht mittelst öffentlicher Siegel oder Stempel bewirkt sind, hat es bei dem Gesetze vom 4ten Juli 1840. sein Bewenden. Sind dergleichen Bezeichnungen mittelst öffentlicher Siegel oder Stempel bewirkt, so tritt nach Beschaffenheit des Falles die im §. 450. No. 3. oder die im §. 472. bestimmte Strafe ein.

§. 475.

Gemeinsame Bestimmung.

Das falsche Geld (§§. 456. u. 458.), die im §. 461. erwähnten falschen Papiere, die unbefugt angefertigten Siegel und Stempel (§. 471.), sowie die mit falschen Zeichen oder Stempeln versehenen, dem Fälscher oder dessen Mitschuldigen gehörigen Waaren (§. 474.) sind zu konfisziren.

Außerdem tritt nach Vorschrift des §. 27. die Konfiskation der zur Fälschung gebrauchten Werkzeuge ein.

§. 476.

Polizeiliche Vorschriften.

Wer von dem Umlaufe falschen Geldes oder falscher Papiere (§. 461.) glaubhafte Kenntniß erhält, und nicht unverzüglich der Obrigkeit davon Anzeige macht, hat Geldbuße bis zu zwanzig Thalern verwirkt.

Ein und zwanzigster Titel.

Verbrechen wider Standes- und Familienrechte.

§. 477.

Wer sich unbefugter Weise, jedoch ohne betrügerische Absicht (§. 448.) Titel, Würden, Orden, Ehrenrechte oder einen höheren Stand beilegt, wer Uniform, Amtskleidung oder Amtszeichen unbefugt trägt, hat Gefängnißstrafe bis zu drei Monaten oder Geldbuße bis zu einhundert Thalern verwirkt. Anmaaßung von Standes- und Ehrenrechten.

Diese Strafe findet auch auf Inländer Anwendung, welche im Inlande ohne Genehmigung des Königs oder der kompetenten inländischen Behörde sich einer solchen im Auslande erworbenen Auszeichnung bedienen, in sofern sie zur Zeit der Erwerbung Inländer waren.

§. 478.

Wer vorsätzlich Rechte des Familienstandes verändert oder unterdrückt, wer insbesondere ein Kind unterschiebt oder verwechselt, oder als von einer bestimmten Mutter geboren fälschlich ausgiebt, hat Gefängniß oder Strafarbeit bis zu zwei Jahren verwirkt. Verbrechen gegen Familienrechte.

Liegt der Handlung eine betrügerische Absicht (§. 448.) zum Grunde, so tritt die im §. 465. bestimmte Strafe ein.

§. 479.

Wer sich wissentlich fremde Familienrechte anmaaßt, soll mit Strafarbeit bis zu fünf Jahren bestraft werden.

§. 480.

Niemand soll bei Geldbuße bis zu funfzig Thalern oder bei Gefängnißstrafe bis zu sechs Wochen sich eines ihm nicht zukommenden Familiennamens oder Familienwappens bedienen, oder seinen Familiennamen, oder sein Familienwappen ohne landesherrliche Erlaubniß verändern. Polizeiliche Vorschrift. Unbefugte Aenderung des Namens oder Wappens.

Zwei und zwanzigster Titel.

Bankerut.

§. 481.

Gewerbtreibende, welche in den Zustand der Zahlungs-Unfähigkeit verfallen sind, sollen wegen betrüglichen Bankeruts mit Zuchthausstrafe von zwei bis zu funfzehn Jahren bestraft und unter Polizei-Aufsicht gestellt werden, wenn sie

1. ihr Vermögen ganz oder theilweise verheimlicht oder den Gläubigern entzogen, oder
2. ganz oder theilweise erdichtete Schulden aufgestellt, oder
3. aus betrüglicher Absicht Handelsbücher entweder gar nicht oder so unordentlich geführt haben, daß sie keine Uebersicht des Vermögenszustandes und der einzelnen Geschäfte gewähren, oder wenn sie ihre Handelsbücher verfälscht, vorsätzlich unlesbar gemacht, vernichtet, oder auf die Seite gebracht, oder
4. Gelder, geldwerthe Papiere oder Waaren, die ihnen vermöge Auftrags oder zur Verwahrung anvertraut sind, angegriffen haben.

Dem betrüglichen Bankerut ist es gleich zu achten, wenn ein Gewerbtreibender, in der Absicht seine Gläubiger zu verkürzen, sich fälschlich für zahlungsunfähig ausgegeben hat.

§. 482.

Gewerbtreibende sind bei eingetretener Zahlungs-Unfähigkeit wegen gemeinen Bankeruts mit Strafarbeit bis zu fünf Jahren zu belegen, wenn sie,

1. durch Ausschweifungen, Spiel oder übertriebenen Aufwand sich außer Zahlungsstand gesetzt haben; oder
2. ohne betrügliche Absicht Handelsbücher entweder gar nicht oder so unordentlich geführt haben, daß sie keine

Uebersicht des Vermögens-Zustandes und der einzelnen Geschäfte gewähren; oder

3. unterlassen haben, die Balance ihres Vermögens alljährlich zu ziehen; oder

4. Gelder aufgenommen, Kreditpapiere ausgestellt, Waaren bezogen, solche unter dem Preise verkauft, oder einzelne Gläubiger auf Kosten der Gesammtheit begünstigt haben, obgleich das Activ-Vermögen nach der letzten Balance nicht die Hälfte der Schulden deckte.

Die Bestimmungen zu 2. und 3. bleiben jedoch außer Anwendung bei solchen Gewerbtreibenden, bei denen die Führung von Büchern nach Beschaffenheit ihres Gewerbes nicht gebräuchlich ist.

§. 483.

Wenn Personen, welche nicht zu den Gewerbtreibenden gehören, in der Absicht, ihre Gläubiger zu verkürzen, sich fälschlich für zahlungsunfähig ausgeben, oder bei wirklich eingetretener Zahlungs-Unfähigkeit ihr Vermögen ganz oder theilweise verheimlichen, oder den Gläubigern entziehen, oder ganz oder theilweise erdichtete Schulden aufstellen, so sollen dieselben als Betrüger nach §. 450. bestraft werden.

Setzen sich solche Personen durch Ausschweifungen, Spiel oder übertriebenen Aufwand außer Zahlungstand, so haben dieselben Gefängnißstrafe verwirkt.

§. 484.

Wer zu den im §. 481. und 483. erwähnten betrüglichen Handlungen mitwirkt, ist nach den Grundsätzen des fünften Abschnitts im ersten Titel zu bestrafen.

Drei und zwanzigster Titel.

Strafbarer Eigennutz.

§. 485.

I. Wucher.

Einen Wucher begeht, wer sich von seinem Schuldner höhere Zinsen, als die Gesetze zulassen, oder bei Darlehnen die Zurückzahlung einer höhern Summe, als die Schuld wirklich beträgt, vorbedingt.

Der Wucher wird mit Gefängniß nicht unter sechs Wochen, und zugleich mit Geldbuße von funfzig bis zu tausend Thalern bestraft, wenn

1. derselbe gewerbmäßig betrieben, oder
2. das Geschäft so eingekleidet wird, daß dadurch der Wucher versteckt werden soll.

Gewerbmäßiger Wucher ist vorhanden, wenn Jemand mehr als einmal in dem Zeitraume eines Jahres sich wucherliche Handlungen zu Schulden kommen läßt.

§. 486.

II. Nachdruck.

Beeinträchtigungen des Eigenthums an Werken der Wissenschaft und Kunst werden nach besondern Verordnungen beurtheilt.

§. 487.

III. Beeinträchtigung der Versteigerungen.

Wer einen Anderen durch Gewalt, Drohung, arglistige Erregung eines Irrthums oder durch Zusicherung oder Gewährung eines Vortheils vom Mitbieten bei den von einer öffentlichen Behörde vorgenommenen Versteigerungen, sie mögen Verkäufe, Verpachtungen, Vermiethungen, Lieferungen oder Unternehmungen zum Gegenstand haben, abhält, ist mit Gefängniß nicht unter vierzehn Tagen und zugleich mit Geldbuße bis zu tausend Thalern zu bestrafen.

§. 488.

IV. Verbotene Spiele.

Hazardspiele sind verboten, wenn sie aus Gewinnsucht gespielt werden.

Ob dies der Fall sey, ist nach Beschaffenheit der spielenden Personen, des Einsatzes und der übrigen Umstände zu ermessen.

§. 489.

Unter solchen Verhältnissen (§. 488.) werden auch Wetten, selbst bei erlaubten Spielen, den verbotenen Hazardspielen gleich geachtet.

§. 490.

Wer an verbotenen Spielen Theil nimmt, hat Geldbuße bis zu fünfhundert Thalern verwirkt; wer aber bei solchen Spielen Bank macht, soll mit Gefäugniß und zugleich mit Geldbuße bis zu tausend Thalern bestraft werden.

§. 491.

Gegen diejenigen, welche vom Hazardspiele ein Gewerbe machen, tritt, außer dem Verluste der Ehrenrechte (§. 33.) Strafarbeit bis zu zwei Jahren und zugleich Geldbuße von einhundert bis zu zweitausend Thalern ein.

Gegen Ausländer ist zugleich auf Landesverweisung zu erkennen.

§. 492.

Die auf dem Spieltische und in der Bank befindlichen Gelder sind in allen Fällen (§§. 490. und 491.) zu confisziren.

§. 493.

Inhaber öffentlicher Versammlungsörter aller Art, welche verbotene Spiele gestatten, oder zur Verheimlichung derselben mitwirken, sind mit Geldbuße bis zu fünfhundert Thalern zu bestrafen.

§. 494.

V. Widerrechtlicher Gebrauch fremder verpfändeter Sachen.

Oeffentliche Pfandleiher, welche die ihnen anvertrauten Pfänder rechtswidrig gebrauchen, haben Gefängniß und zugleich Geldbuße bis zu fünfhundert Thalern verwirkt.

§. 495.

VI. Entwendung der eigenen Sache.

Wer seine eigene Sache aus der Gewahrsam des Nutznießers, Pfandgläubigers oder desjenigen, welchem an der Sache das Zurückhaltungsrecht zusteht, ohne dessen Einwilligung in rechtswidriger Absicht wegnimmt, hat Gefängnißstrafe oder Strafarbeit bis zu zwei Jahren verwirkt.

Die Bestimmungen im §. 403. und 404. finden hier gleichfalls Anwendung.

§. 496.

VII. Entziehung gepfändeter Sachen.

Wer seine, von der Obrigkeit gepfändete oder in Beschlag genommene Sache vorsätzlich der Beschlagnahme entzieht, wird mit Gefängniß oder mit Straf-Arbeit bis zu zwei Jahren bestraft.

§. 497.

VIII. Gefährdung von Schiffen.

Reisende oder Schiffsleute, welche ohne Vorwissen des Schiffers, imgleichen Schiffer, welche ohne Vorwissen des Rheders Gegenstände an Bord nehmen, welche das Schiff gefährden, oder dessen Konfiskation oder Beschlagnahme veranlassen können (unfrei machen), sind nach Verhältniß der entstandenen Gefahr oder des entstandenen Schadens mit Gefängniß oder mit Straf-Arbeit bis zu drei Jahren zu bestrafen.

§. 498.

IX. Verletzung fremder Geheimnisse.

Wer versiegelte Briefe oder andere versiegelte Urkunden, die nicht an ihn gerichtet sind, eigenmächtig öffnet, um unbefugterweise zur Kenntniß des Inhalts zu gelangen, oder zu gleichem Zwecke offener Briefe oder Urkunden sich unbefugterweise durch Gewalt oder List bemächtigt, soll, in sofern nicht durch diese Handlung eine härtere Strafe verwirkt ist, auf den Antrag des Verletzten mit einer Geldbuße bis zu fünfhundert Thalern oder mit Gefängniß oder mit Straf-Arbeit bis zu zwei Jahren bestraft werden.

§. 499.

Wahrsager, Traumdeuter, Kartenleger, Geisterbanner, Schatzgräber und Goldmacher sind, in sofern sie die Gaukelei gegen Entgelt treiben, mit Gefängniß bis zu sechs Wochen zu bestrafen. Polizeiliche Vorschrift.

Vier und zwanzigster Titel.

Eigenthumsbeschädigung.

§. 500.

Wer vorsätzlich und rechtswidrig Gegenstände der Verehrung einer vom Staate aufgenommenen oder geduldeten Religionsgesellschaft, Sachen, welche dem Gottesdienste unmittelbar gewidmet sind, öffentliche Denkmäler, Grabmäler, Gegenstände, welche zu öffentlichen Kunst- oder wissenschaftlichen Sammlungen gehören, Schriften, welche in Archiven, Registraturen oder Depositorien öffentlicher Behörden aufbewahrt werden, öffentliche Beleuchtungs-Anstalten und Feuerlösch-Geräthschaften, Wegweiser oder Meilenzeiger, Bäume, die auf öffentlichen Wegen oder Plätzen stehen, oder Gegenstände der im §. 406. No. 4. bezeichneten Art beschädigt oder zerstört, hat Gefängnißstrafe nicht unter sechs Wochen oder Straf-Arbeit bis zu fünf Jahren verwirkt, und kann unter Polizei-Aufsicht gestellt werden.

§. 501.

Gleiche Strafe trifft denjenigen, welcher in Gebäude oder in solche Räume eindringt, welche durch Mauern oder andere zur Schutzwehr gegen das Eindringen von Menschen bestimmte Einfriedigungen umschlossen sind, und dort vorsätzlich und rechtswidrig fremdes Eigenthum beschädigt oder zerstört.

§. 502.

Vorsätzliche und rechtswidrige Beschädigung oder Zerstörung fremden Eigenthums zieht in allen denjenigen Fällen, in welchen nicht durch besondere Vorschriften ein Anderes bestimmt ist, Gefängnißstrafe nach sich.

Unter besonders mildernden Umständen kann in diesen Fällen auf Geldbuße, statt Gefängniß, erkannt werden.

§. 503.

Die Strafe (§§. 500—502.) ist bei der Zumessung besonders zu steigern und durch den Verlust der Ehrenrechte zu schärfen, wenn die Beschädigung aus Bosheit verübt worden ist.

§. 504.

Die Bestimmungen der §§. 403. und 404. finden bei Eigenthumsbeschädigungen gleichfalls Anwendung.

§. 505.

Polizeiliche Vorschriften.

1) Unbefugtes Betreten von Feldern ꝛc.

Wer unbefugter Weise über bestellte Aecker oder Gärten, oder über Aecker, Gärten, Wiesen oder Weiden, welche mit einer Einfriedigung versehen sind, oder deren Betreten durch Warnungstafeln untersagt ist, geht, fährt, reitet, oder Vieh treibt, hat, sofern nicht die Vorschriften über die Pfändungen Platz greifen, Geldbuße bis zu zwanzig Thalern verwirkt.

§. 506.

2) Abpflügen von öffentlichen Wegen.

Dieselbe Strafe (§. 505.) tritt gegen denjenigen ein, welcher durch Abpflügen, Abgraben oder durch andere unbefugte Handlungen die Breite öffentlicher Wege verringert.

§. 507.

3) Werfen mit Steinen ꝛc.

Wer an Orten, wo Menschen sich befinden, gefährlicher Weise mit Steinen oder anderen harten Körpern, imgleichen wer dergleichen Gegenstände in umschlossene Hofräume oder Gärten, oder auf Pferde oder andere Zug- oder Lastthiere wirft, hat Geldbuße bis zu zwanzig Thalern verwirkt.

Gleiche Strafe trifft denjenigen, welcher auf Personen, gegen Gebäude oder in umschlossene Hofräume oder Gärten, oder auf Pferde oder andere Zug- oder Lastthiere Unrath wirft.

Fünf und zwanzigster Titel.

Gemeingefährliche Verbrechen.

§. 508.

Fabrik-Unternehmer oder Handwerker, welche, um ihre Gewerbsgehülfen oder Arbeiter oder auch die Obrigkeit zu gewissen Handlungen oder Zugeständnissen zu bewegen, die Einstellung ihrer Gewerbe, oder welche, um eine Verminderung des Lohns durchzusetzen, eine Entlassung oder Zurückweisung aller derjenigen Gewerbsgehülfen oder Arbeiter, welche sich mit dem geringeren Lohne nicht begnügen wollen, mit einander verabreden, oder zu einer solchen Uebereinkunft auffordern, imgleichen Fabrikarbeiter, Handwerksgesellen oder andere Gewerbsgehülfen verschiedener Fabrikherren oder Meister, welche, um ihre Fabrikherren oder ihre Meister oder auch die Obrigkeit zu gewissen Handlungen oder Zugeständnissen zu bewegen, die Einstellung ihrer Arbeit mit einander verabreden, oder zu einer solchen Uebereinkunft auffordern, sind mit Gefängniß zu bestrafen. I. Erzwingung höhern oder geringern Arbeitslohns rc.

§. 509.

Dieselbe Strafe (§. 508.) tritt ein, wenn Fabrikarbeiter, Handwerksgesellen oder andere Gewerbsgehülfen verschiedener Fabrikherren oder Meister Verabredungen treffen, durch welche das Arbeiten in einer Fabrik oder andern Gewerbs-Anstalt oder an einem ganzen Orte eingestellt oder verhindert werden soll.

§. 510.

Die §§. 508. und 509. finden auch auf Berg- und Hüttenarbeiter Anwendung.

§. 511.

Wer die mit öffentlichen Behörden geschlossenen Lieferungsverträge über Bedürfnisse des Heeres zur Zeit eines II. Unterlassene Lieferung.

Krieges, oder über die Zufuhr von Lebensmitteln zur Abwendung oder Beseitigung eines Nothstandes entweder nicht zur bestimmten Zeit oder nicht in der vorbedungenen Weise erfüllt, hat, wenn es mit Vorsatz geschieht, jedoch keine landesverrätherische Absicht dabei vorwaltet, Zuchthausstrafe bis zu zehn Jahren verwirkt. Liegt dem Verbrechen Fahrlässigkeit zum Grunde, so tritt Gefängniß oder Strafarbeit bis zu zwei Jahren ein.

Dieselben Strafen finden auch gegen die Unterlieferanten, Agenten oder Bevollmächtigten des Lieferanten Anwendung, welche mit Kenntniß des Zwecks der Lieferung das Unterbleiben derselben absichtlich oder aus Fahrlässigkeit veranlassen.

§. 512.

III. Verkauf schädlicher Sachen.

Wer Gegenstände, aus deren Gebrauche, wegen ihrer an sich schädlichen Beschaffenheit oder wegen ihrer Vermischung mit schädlichen Stoffen, Schaden entstehen kann, mit Verschweigung ihrer schädlichen Eigenschaft zum Verkaufe oder Gebrauche feil hält, ungeachtet er von ihrer Schädlichkeit Kenntniß hatte, soll mit Konfiskation der Vorräthe und mit Strafarbeit oder Zuchthaus bis zu fünf Jahren bestraft werden.

§. 513.

IV. Verbreitung ansteckender Krankheiten.

Die Verletzung derjenigen Absperrungs- und Aufsichts-Maaßregeln, so wie derjenigen Einfuhrverbote, welche von der Obrigkeit zur Verhütung des Einführens oder Verbreitens einer ansteckenden Krankheit angeordnet worden sind, ist mit Gefängniß oder mit Geldbuße bis zu dreihundert Thalern zu bestrafen.

Bei Zumessung dieser Strafe ist besonders zu berücksichtigen, ob die Handlung mit Vorsatz oder aus Fahrlässigkeit begangen worden ist.

§. 514.

Ist die im §. 513. bezeichnete Uebertretung mit Vorsatz geschehen, und in Folge derselben ein Mensch von der ansteckenden Krankheit ergriffen worden, so tritt Strafarbeit oder Zuchthausstrafe bis zu zwanzig Jahren ein.

Liegt einer solchen Uebertretung nur Fahrlässigkeit zum Grunde, so ist auf Gefängniß oder Strafarbeit bis zu fünf Jahren zu erkennen.

§. 515.

V. Verbreitung von Viehseuchen.

Gefängniß bis zu sechs Monaten oder Geldbuße bis zu zweihundert Thalern findet Statt, wenn die im §. 513. bezeichneten Handlungen in Beziehung auf die zur Verhütung des Einführens oder Verbreitens von Viehseuchen getroffenen Anordnungen begangen wurden.

Ist in Folge hiervon ein Stück Vieh von der Seuche ergriffen worden, so tritt die Hälfte der im §. 514. bestimmten Strafe ein.

§. 516.

VI. Gemeingefährliche Zerstörung oder Beschädigung.

Wer vorsätzlich Wasserleitungen, Schleusen, Wehre, Deiche, Dämme oder andere Wasserbauten, imgleichen wer Brücken, Fähren, Wege oder Schutzwehren in einer Weise zerstört oder beschädigt, daß dadurch für Andere Gefahr entstehen kann, desgleichen, wer vorsätzlich die Störung des Fahrwassers in schiffbaren Strömen, Flüssen oder Kanälen bewirkt, soll mit Strafarbeit oder Zuchthaus bis zu fünf Jahren bestraft und unter Polizei-Aufsicht gestellt werden.

§. 517.

Hat in Folge einer solchen Handlung (§. 516.) ein Mensch eine schwere körperliche Verletzung (§§. 322. und 323.) erlitten, so tritt ein- bis zehnjährige, und wenn ein Mensch das Leben verloren hat, fünf- bis funfzehnjährige Strafarbeit oder Zuchthausstrafe ein. Ist eine Tödtung beabsichtigt worden, so finden die Strafbestimmungen über den Mord Anwendung.

§. 518.

Liegt der Handlung (§§. 516. und 517.) Fahrlässigkeit zum Grunde, so tritt Gefängniß oder Strafarbeit bis zu drei Jahren ein.

§. 519.

Bei Beschädigungen von Eisenbahn-Anlagen findet die Verordnung vom 30sten November 1840. Anwendung.

§. 520.

VII. Verursachte Strandung u. s. w.

Wer mit Gefahr für das Leben Anderer die Strandung oder das Versinken eines Schiffes vorsätzlich verursacht, hat zehnjährige bis lebenswierige Zuchthausstrafe, und wenn ein Mensch dadurch das Leben verloren hat, die Todesstrafe verwirkt. Wird der Schuldige nur zu zeitiger Zuchthausstrafe verurtheilt, so ist zugleich auf Stellung unter Polizei-Aufsicht zu erkennen.

Liegt der That Fahrlässigkeit zum Grunde, so tritt Strafarbeit bis zu fünf Jahren ein.

§. 521.

Wer ohne Gefahr für das Leben Anderer die Strandung oder das Versinken eines Schiffs bewirkt, hat, wenn dies zum Zwecke eines Betruges geschieht, fünf- bis zehnjährige Zuchthausstrafe verwirkt.

§. 522.

Die vorsätzliche und rechtswidrige Verursachung des Strandens oder des Versinkens eines Schiffs wird in den Fällen, wo die §§. 520. und 521. keine Anwendung finden, nach Vorschrift des §. 500. bestraft.

§. 523.

Wer vorsätzlich die zur Sicherung der Schifffahrt bestimmten Feuer- oder andere Zeichen zerstört, wegschafft oder unbrauchbar macht, oder dergleichen Feuerzeichen auslöscht, imgleichen wer vorsätzlich zur Nachtzeit auf der Strandhöhe Feuer anzündet oder sonst falsche Zeichen aufstellt, hat Strafarbeit oder Zuchthaus von einem bis zu zehn Jahren verwirkt, und ist unter Polizei-Aufsicht zu stellen. Ist in Folge der That ein Schiff gestrandet, so tritt zehnjährige bis lebenswierige Strafarbeit oder Zuchthausstrafe, und hat ein Mensch das Leben verloren, die Todesstrafe ein.

Liegt der That Fahrlässigkeit zum Grunde, so tritt Strafarbeit bis zu fünf Jahren ein.

§. 524.

Wer vorsätzlich eine Ueberschwemmung, mit gemeiner Gefahr für Leben oder Eigenthum verursacht, soll mit Zuchthaus von fünf bis zwanzig Jahren bestraft und unter Polizei-Aufsicht gestellt werden. VIII. Ueberschwemmung.

Die Todesstrafe tritt ein, wenn in Folge der Ueberschwemmung ein Mensch das Leben verloren hat.

§. 525.

Ist die Ueberschwemmung von dem Thäter nur in der Absicht verursacht worden, sein Eigenthum vor Gefahr zu schützen, so bleibt nicht nur die Todesstrafe ausgeschlossen, sondern es kann auch der Richter bei besonders mildernden Umständen die Freiheitsstrafe bis auf zweijährige Strafarbeit ermäßigen.

§. 526.

Ist die Ueberschwemmung durch Fahrlässigkeit verursacht, so tritt Strafarbeit bis zu fünf Jahren ein.

§. 527.

Die vorsätzliche Verursachung einer Ueberschwemmung, durch welche keine gemeine Gefahr für Leben oder Eigenthum entstehen kann, wird nach Vorschrift des §. 500. bestraft.

§. 528.

Die mit überlegtem Vorsatze verübte Androhung einer Ueberschwemmung wird, in sofern nicht die Strafbestimmung des §. 444. Anwendung findet, mit Strafarbeit oder Zuchthaus bis zu fünf Jahren bestraft; zugleich ist auf Stellung unter Polizei-Aufsicht zu erkennen.

§. 529.

IX. Brandstiftung.

Wer zum Gottesdienst bestimmte oder bewohnte Gebäude (§. 407. No. 1.) oder solche unbewohnte Gebäude, welche sich in dem umschlossenen Hofraum (§. 408.) eines bewohnten Gebäudes befinden oder an letzteres angrenzen, vorsätzlich in Brand setzt, hat zehnjährige bis lebenswierige Zuchthausstrafe verwirkt.

Hat in Folge des Brandes ein Mensch das Leben verloren, so ist gegen den Brandstifter auf die Todesstrafe zu erkennen.

Diese Bestimmungen finden auch dann Anwendung, wenn Gegenstände, welche sich in der Nähe der gedachten Gebäude befinden, angezündet worden sind, und aus den Umständen erhellet, daß solches in der Absicht geschehen ist, diese Gebäude in Brand zu setzen.

§. 530.

Wer vorsätzlich einen Brand verursacht, welcher mit gemeiner Gefahr für fremdes Eigenthum, jedoch nicht mit Gefahr für die im §. 529. erwähnten Gebäude verbunden ist, insonderheit wer Waldungen, Torfmoore, Kohlengruben, noch nicht abgeerndtete Früchte rc. in Brand setzt, hat Zuchthausstrafe von fünf bis zu zwanzig Jahren verwirkt.

§. 531.

Wer eine Wohnung oder Sache ohne Gefahr für Menschen oder fremdes Eigenthum anzündet, hat, wenn dies zum Zwecke eines Betruges geschieht, Zuchthaus bis zu zehn Jahren verwirkt.

§. 532.

Das Verbrechen der Brandstiftung §§. 529—531. ist vollendet, sobald sich das Feuer andern Gegenständen, als dem gebrauchten Zündstoffe, mitgetheilt hat.

§. 533.

Brandstiftungen, welche nicht zu den in den §§. 529—531. bezeichneten gehören, werden nach Vorschrift des §. 500. bestraft.

§. 534.

Wer durch Fahrlässigkeit eine Feuersbrunst der in den §§. 529. und 530. bezeichneten Art veranlaßt, hat Gefängniß nicht unter sechs Wochen oder Strafarbeit bis zu fünf Jahren verwirkt.

§. 535.

Die mit überlegtem Vorsatze verübte Androhung einer Brandstiftung wird, in sofern nicht die Strafbestimmung des §. 444. Anwendung findet, mit Strafarbeit oder Zuchthaus bis zu fünf Jahren bestraft.

§. 536.

In allen Fällen, in denen wegen vorsätzlicher Brandstiftung (§§. 529. bis 531.) zeitige Freiheitsstrafe stattfindet, so wie in dem Falle des §. 535. ist auf Stellung unter Polizei-Aufsicht zu erkennen.

§. 537.

Polizeiliche Vorschriften.

1. Verweigerte Hülfsleistung bei Unglücksfällen ꝛc.

Wer bei Unglücksfällen oder bei einer gemeinen Gefahr oder Noth, oder zur Ausführung eines obrigkeitlichen Befehls von der Obrigkeit oder deren Stellvertreter zur Hülfsleistung aufgefordert ist; und dieser Aufforderung, obgleich er derselben ohne eigene erhebliche Gefahr genügen konnte, keine Folge leistet, hat Geldbuße bis zu funfzig Thalern oder Gefängniß bis zu sechs Wochen verwirkt.

§. 538.

2. Uebertretung der Sicherheitsmaaßregeln gegen ansteckende Krankheiten und Viehseuchen.

Wer den Vorschriften zur Verhütung des Einführens oder Verbreitens von ansteckenden Krankheiten oder Viehseuchen zuwiderhandelt, ist, sofern nicht die Bestimmungen der §§. 513—515. Anwendung finden, mit Gefängniß bis zu sechs Wochen oder Geldbuße bis zu funfzig Thalern zu bestrafen.

§. 539.

3. Gesetzwidriges Halten schädlicher Thiere.

Wer ohne obrigkeitliche Erlaubniß wilde oder andere von Natur schädliche Thiere hält, ist mit Geldbuße bis zu funfzig Thalern zu belegen.

Eben diese Strafe trifft denjenigen, welcher dergleichen Thiere zwar mit obrigkeitlicher Erlaubniß hält, jedoch die nöthigen Vorsichtsmaaßregeln zur Verhütung von Beschädigungen unterläßt.

§. 540.

Auch zahme Thiere, welche Eigenschaften haben, die dem Publikum Gefahr bringen können, müssen von dem Eigenthümer oder Besitzer, der dies weiß, bei Geldbuße bis zu funfzig Thalern dergestalt verwahrt oder unter Aufsicht gehalten werden, daß Niemand durch sie beschädigt werden kann.

§. 541.

In allen diesen Fällen (§§. 539. und 540.) kann die Polizeibehörde, sofern andere Maaßregeln zur Sicherung des Publikums nicht ausreichen, die Wegschaffung oder Tödtung solcher Thiere auf Kosten des Eigenthümers veranlassen.

§. 542.

Das Hetzen der Hunde auf Menschen zieht Geldbuße bis zu funfzig Thalern oder Gefängniß bis zu sechs Wochen nach sich.

§. 543.

Wer durch boshaftes Quälen oder rohe Mißhandlung von Thieren zu Aergerniß Anlaß giebt, ist mit Gefängniß bis zu sechs Wochen oder mit Geldbuße bis zu funfzig Thalern zu bestrafen. 4) Thierquälerei.

§. 544.

Bauherren, welche einen Bau oder eine Reparatur, wozu die polizeiliche Genehmigung erforderlich ist, entweder ohne dieselbe, oder mit eigenmächtiger Abweichung von dem durch die Polizeibehörde genehmigten Bauplan ausführen lassen, verfallen in eine Geldbuße von fünf bis zu funfzig Thalern, und sind verpflichtet, auf Verlangen der Polizeibehörde die nicht genehmigten Einrichtungen abzuändern. Kontraventionen gegen Baupolizei.

§. 545.

Diese im §. 544. bestimmte Strafe trifft auch denjenigen, welcher Bauten und Reparaturen von Gebäuden und sonstigen Bauwerken, als: Brunnen, Brücken, Schleusen u. s. w. vornimmt, ohne die von der Polizei angeordneten oder sonst erforderlichen Maaßregeln zur Sicherung des Publikums zu treffen.

§. 546.

Gleiche Strafe (§. 544.) ist gegen diejenigen zu verhängen, welche auf oder an öffentlichen Straßen, Wegen oder Plätzen, auf Höfen, in Häusern oder überhaupt an Orten, wo Menschen hinkommen, Brunnen, Keller, Gruben, Oeffnungen oder Abhänge dergestalt unbedeckt oder unverwahrt lassen, daß daraus Gefahr für Andere entstehen kann.

§. 547.

Wer in den Städten oder Dörfern ohne polizeiliche Erlaubniß durch Anlagen irgend einer Art, oder durch Aufstellung von Gegenständen auf öffentlichen Straßen oder

Plätzen den zum Verkehr des Publikums bestimmten Raum verengt, ist mit Geldbuße bis zu zehn Thalern zu bestrafen.

§. 548.

6) Uebertretung der Vorschriften zur Verhütung von Feuerschaden.

Bauherren, welche ohne obrigkeitliche Genehmigung eine neue Feuerstätte errichten, oder eine bereits vorhandene an einen andern Ort verlegen, sind mit Geldbuße bis zu funfzig Thalern zu bestrafen.

§. 549.

Bei Vermeidung gleicher Strafe (§. 548.) müssen Gewerbtreibende, welche in Feuer arbeiten, wegen Anlegung und Verwahrung ihrer Werkstätten, so wie wegen der Art und Zeit, sich des Feuers zu bedienen, die von der Polizei-Behörde ertheilten Vorschriften befolgen.

§. 550.

In Ansehung der Anlage und des Gebrauchs der Dampfmaschinen sind die Verordnungen vom 1sten Januar 1831. und 27sten September 1837. zu befolgen.

§. 551.

Hauswirthe, so wie diejenigen, welchen die Pflichten eines Hauswirths obliegen, haben, wenn sie nicht dafür sorgen, daß die Feuerstätten in ihren Häusern in baulichem und brandsicherem Stande unterhalten und die Schornsteine zur rechten Zeit gereinigt werden, eine Geldbuße bis zu zehn Thalern verwirkt.

§. 552.

Wer Waaren, Materialien und andere Vorräthe, welche leicht sich von selbst entzünden oder Feuer fangen, an Orten oder in Behältnissen aufbewahrt, wo ihre Entzündung gefährlich werden kann, sowie derjenige, welcher Stoffe, die nicht ohne Gefahr einer Entzündung bei einander liegen können, nicht abgesondert aufbewahrt, hat Geldbuße bis zu zwanzig Thalern verwirkt.

§. 553.

Bei Geldbuße bis zu zehn Thalern soll Niemand Scheunen, Ställe, Böden und andere Behältnisse, welche zur Aufbewahrung feuerfangender Sachen dienen, mit unverwahrtem Feuer oder Lichte betreten.

§. 554.

Das Tabackrauchen an diesen Orten (§. 553.), sowie in Wäldern bei trockener Jahreszeit, ist bei zwei Thalern Geldbuße und Konfiskation der Tabackspfeife untersagt.

§. 555.

Mit Geldbuße bis zu zwanzig Thalern werden diejenigen bestraft:

1. welche bei trockener Jahreszeit oder an gefährlichen Stellen in Wäldern oder Haiden, oder
2. zwar an andern Orten, jedoch in gefährlicher Nähe von feuerfangenden Sachen oder von Gebäuden, Feuer anmachen,
3. welche Gefäße mit brennenden Kohlen, oder andere Feuer enthaltende Behältnisse unbeaufsichtigt an Orten stehen lassen, wo ein Brand dadurch verursacht werden kann,
4. diejenigen, welche in der Nähe von Gebäuden, oder andern feuerfangenden Sachen mit Feuergewehr schießen oder Feuerwerk abbrennen.

§. 556.

Wer es unterläßt, bei einem in seiner Wohnung ausgebrochenen Brande die öffentliche Hülfe anzurufen, kann mit Geldbuße bis zu funfzig Thalern bestraft werden.

Es soll jedoch nicht unter Geldbuße von zehn Thalern erkannt werden, wenn eine absichtliche Verheimlichung des Feuers statt gefunden hat.

§. 557.

Wer wissentlich falschen Feuerlärm erregt, hat Geldbuße bis zu funfzig Thalern oder Gefängnißstrafe bis zu sechs Wochen verwirkt.

§. 558.

Wer die polizeilich vorgeschriebenen Feuerlöschgeräthschaften entweder gar nicht, oder nicht in brauchbarem Zustande hält, ist mit Geldbuße bis zu zwanzig Thalern zu bestrafen.

Sechs und zwanzigster Titel.

Verbrechen der Gewerbtreibenden.

§. 559.

Allgemeine Bestimmungen.

Wer unbefugter Weise den selbstständigen Betrieb einer Kunst oder eines Gewerbes unternimmt oder fortsetzt, zu welchem er einer obrigkeitlichen Erlaubniß (Konzession, Approbation rc.) bedarf, hat Geldbuße bis zu zweihundert Thalern oder Gefängniß bis zu drei Monaten verwirkt.

Enthält die Handlung zugleich ein Steuervergehen, so soll nicht außerdem noch auf eine Steuerstrafe erkannt werden, es ist aber darauf bei Zumessung der Strafe Rücksicht zu nehmen.

§. 560.

Der Verlust der Befugniß zum Gewerbbetriebe, als Strafe eines Verbrechens, kann nur vom Richter ausgesprochen werden.

In wiefern eine obrigkeitliche Erlaubniß zur Betreibung einer Kunst oder eines Gewerbes, wegen Mangels der bei Ertheilung derselben vorausgesetzten Bedingungen, durch Beschluß der Verwaltungsbehörde entzogen werden kann, ist nach den darüber bestehenden Verordnungen zu beurtheilen.

§. 561.

Gewerbtreibende, welche wegen eines vermittelst Mißbrauchs ihrer Kunst oder ihres Gewerbes begangnen Verbrechens zu Zuchthausstrafe verurtheilt werden, können zugleich der Befugniß zur selbstständigen Betreibung ihrer Kunst oder ihres Gewerbes für immer oder auf Zeit verlustig erklärt werden.

Es muß auf diesen Verlust für immer erkannt werden, wenn der Gewerbtreibende schon früher wegen eines solchen Verbrechens zu Zuchthaus oder Strafarbeit verurtheilt worden ist.

§. 562.

Gewerbtreibende, welche zum Betriebe ihrer Kunst oder ihres Gewerbes einer obrigkeitlichen, durch Unbescholtenheit und Zuverlässigkeit bedingten Erlaubniß bedürfen, sie mögen zu dessen Ausübung besonders verpflichtet werden oder nicht, sind der Befugniß zum selbstständigen Betriebe ihrer Kunst oder ihres Gewerbes für immer verlustig zu erklären:

1. bei jeder Verurtheilung zu Zuchthaus,
2. bei Verurtheilung zu einer Strafe gelinderer Art, wenn solche wegen Diebstahls, Unterschlagung, Erpressung, Betrugs, Untreue, Fälschung oder Eidesbruches erfolgt, und
3. bei Verurtheilung zu Strafarbeit, wenn der Verurtheilte ein Verbrechen, durch welches er seine Berufspflichten verletzte, begangen hat, und früher schon wegen eines solchen Verbrechens zu einer Freiheitsstrafe verurtheilt worden ist.

§. 563.

Gewerbtreibende, bei denen die obrigkeitliche Erlaubniß zur Betreibung ihrer Kunst oder ihres Gewerbes durch eine besondere, von der Obrigkeit geprüfte Kunstfertigkeit bedingt ist, sind der Befugniß zum selbstständigen Betriebe ihrer Kunst oder ihres Gewerbes für immer verlustig zu erklären, wenn sie wegen eines ihre Berufspflichten verletzenden Verbrechens zu Zuchthaus oder Strafarbeit verurtheilt werden, nachdem gegen sie wegen eines solchen Verbrechens schon früher auf Freiheitsstrafe erkannt worden.

Zieht das Verbrechen Gefängnißstrafe nach sich, so ist auf den Verlust der Befugniß zum selbstständigen Betriebe der Kunst oder des Gewerbes nur dann zu erkennen, wenn der Gewerbtreibende wegen solcher Verbrechen früher bereits zweimal zu Freiheitsstrafe verurtheilt worden ist.

§. 564.

Sind Gewerbtreibende, bei denen die Erlaubniß zum Gewerbbetriebe durch eine von der Obrigkeit geprüfte Kunstfertigkeit bedingt ist, zum Betriebe ihrer Geschäfte von der Obrigkeit noch besonders verpflichtet, so ist gegen dieselben außer den im §. 563. erwähnten Fällen auf den Verlust der Befugniß zum selbstständigen Betriebe der Kunst oder des Gewerbes auch dann zu erkennen, wenn eine Verurtheilung der im §. 562. No. 1. und 2. bezeichneten Art erfolgt.

§. 565.

Wer der Befugniß zum selbstständigen Betriebe einer Kunst oder eines Gewerbes für immer oder auf Zeit durch rechtskräftiges Erkenntniß oder in den zulässigen Fällen (§. 560.) durch Beschluß der Verwaltungsbehörde für verlustig erklärt worden ist, und diesem Erkenntnisse oder Beschlusse zuwider handelt, soll mit Geldbuße von zehn bis zu zweihundert Thalern oder mit Gefängniß bis zu drei Monaten bestraft werden.

§. 566.

In wiefern Vergehen der Gewerbtreibenden gegen ihre

Berufspflichten außer den in diesem Gesetzbuche erwähnten Fällen einer Strafe unterliegen, ist nach den darüber bestehenden Verordnungen zu beurtheilen.

Enthalten letztere wegen eines Vergehens eines Gewerbtreibenden, welcher seine Kunst oder sein Gewerbe auf Grund einer obrigkeitlichen Erlaubniß ausübt, keine besondere Strafvorschrift, so tritt Geldbuße bis zu funfzig Thalern ein.

§. 567.

Besondere Bestimmungen: 1) Untreue im Beruf,

Gewerbtreibende, welche zur Betreibung ihres Gewerbes von der Obrigkeit besonders verpflichtet sind, sollen, wenn sie bei den ihnen übertragenen Geschäften vorsätzlich diejenigen benachtheiligen, deren Geschäfte sie besorgen, mit Strafarbeit oder Zuchthaus bis zu fünf Jahren und zugleich mit Geldbuße von funfzig bis zu tausend Thalern bestraft werden.

Zugleich sind dieselben der Ehrenrechte (§. 33.) und für immer der Befugniß zur Betreibung ihres Gewerbes für verlustig zu erklären.

§. 568.

2) wegen Ueberschreitung der gewerblichen Taxen,

Wenn Gewerbtreibende, welchen bei Betreibung ihrer Kunst oder ihres Gewerbes von der Obrigkeit Taxen vorgeschrieben sind, sich einer Ueberschreitung dieser Taxen schuldig machen, so haben dieselben eine Geldbuße bis zu funfzig Thalern verwirkt.

Machen sie sich dieses Vergehens von neuem schuldig, so können sie der Befugniß zur selbstständigen Betreibung der Kunst oder des Gewerbes für immer oder auf Zeit (§. 32.) verlustig erklärt werden, und zwar beim ersten Rückfall, wenn sie zu den im §. 562. erwähnten Gewerbtreibenden, und beim zweiten Rückfall, wenn sie zu einer andern Klasse von Gewerbtreibenden gehören.

§. 569.

3) in Betreff unbefugten Kurirens ꝛc.,

Wer ohne die vorschriftsmäßige Approbation gegen Entgelt oder einem besonderen obrigkeitlichen Verbote zuwider die Heilung einer äußeren oder inneren Krankheit eines Anderen oder eine geburtshülfliche Handlung unternimmt, hat Geldbuße bis zu zweihundert Thalern oder Gefängnißstrafe bis zu drei Monaten verwirkt.

Diese Bestimmung findet jedoch keine Anwendung, wenn in einem Falle, in welchem zu dem dringend nöthigen Beistande eine approbirte Medizinalperson nicht herbeigeschafft werden konnte, der Beistand von einer dazu nicht approbirten Person geleistet worden ist. War letztere eine Medizinalperson, welche zu dieser Art des Beistandes nicht die Approbation besaß, so muß sie den Vorfall dem Kreis-Physikus unverzüglich anzeigen. Unterläßt sie diese Anzeige, so soll sie mit der Entschuldigung, daß sie den Beistand wegen einer dringenden Noth geleistet habe, demnächst nicht weiter gehört werden.

§. 570.

4) in Betreff der Medizinalpersonen,

Medizinalpersonen, welche in Fällen einer dringenden Gefahr ihre Hülfe verweigern, können, wenn sie wegen eines solchen Vergehens schon früher disziplinarisch bestraft worden sind, oder wenn in Folge der verweigerten Hülfe ein erheblicher Nachtheil für den Kranken entstanden ist, der Befugniß zur ferneren Praxis für immer oder auf Zeit (§. 33.) verlustig erklärt werden.

§. 571.

Hebammen sind verpflichtet, einen approbirten Geburtshelfer herbeirufen zu lassen, wenn bei einer Entbindung Umstände sich ereignen, welche eine Gefahr für das Leben der Mutter oder des Kindes besorgen lassen, oder wenn in der Geburt die Mutter oder das Kind das Leben einbüßen. Die Vernachlässigung dieser Pflicht zieht eine Geldbuße bis zu einhundert Thalern oder Gefängniß bis zu drei Monaten nach sich.

§. 572.

Medizinalpersonen und deren Gehülfen, welche die bei ihrer Praxis ihnen bekannt gewordenen Familiengeheimnisse oder Gebrechen unbefugter Weise offenbaren, sollen auf den Antrag des Betheiligten mit Geldbuße bis zu zweihundert Thalern oder mit Gefängniß bis zu drei Monaten bestraft, beim Rückfalle aber außerdem des Rechts zur ferneren Praxis für immer oder auf Zeit (§. 32.) verlustig erklärt werden.

§. 573.

Wenn Baumeister oder Bauhandwerker sich der in §§. 544. 545. und 548. bezeichneten Vergehen schuldig machen, so kann die daselbst bestimmte Strafe bis zur Verdoppelung geschärft, und im Rückfalle zugleich auf Verlust der Befugniß zur selbstständigen Betreibung ihrer Kunst oder ihres Gewerbes für immer oder auf Zeit (§. 32.) erkannt werden. 5) in Betreff der Baumeister rc.

§. 574.

Baumeister, welche bei Ausführung eines Baues die Regeln ihrer Kunst dergestalt außer Acht lassen, daß hieraus für Andere Gefahr entsteht, haben Geldbuße von funfzig bis zu zweihundert Thalern, oder Gefängniß von sechs Wochen bis zu drei Monaten, und im Rückfalle zugleich die Befugniß zur selbstständigen Betreibung ihrer Kunst oder ihres Gewerbes für immer oder auf Zeit verwirkt.

§. 575.

Gewerbtreibende, welche gestohlene oder unterschlagene Sachen kaufen oder zum Pfande nehmen, nachdem sie durch eine amtliche Bekanntmachung oder durch glaubwürdige Pri- 6) Unvorsichtiger Ankauf gestohlener Sachen rc.

vatanzeige von dem Verbrechen und den Kennzeichen jener Sachen besonders benachrichtigt worden sind, sollen mit Geldbuße bis zu einhundert Thalern bestraft werden, sofern nicht die strengere Strafe des §. 417. eintritt.

§. 576.

Polizeiliche Strafvorschriften.

Wer außer dem Falle des §. 559. und 565. unbefugter Weise den selbstständigen Betrieb einer Kunst oder eines Gewerbes unternimmt oder fortsetzt, hat, sofern nicht dadurch eine Steuerdefraudationsstrafe verwirkt oder in einzelnen Fällen eine andere Strafe bestimmt ist, Geldbuße bis zu funfzig Thalern zu gewärtigen.

§. 577.

Wenn Sachen, von denen mit Rücksicht auf die Person des Besitzers zu vermuthen ist, daß sie gestohlen oder unterschlagen sind, einem Pfandleiher oder einem Gewerbtreibenden, welcher Sachen dieser Art feil hält, zum Ankaufe oder als Pfand angeboten werden, so ist derselbe bei Geldbuße bis zu funfzig Thalern oder Gefängniß bis zu sechs Wochen schuldig, die Sache anzuhalten und an das Gericht oder die Polizei-Obrigkeit des Orts zur weitern Untersuchung abzuliefern.

§. 578.

Schlosser sind mit Geldbuße bis zu funfzig Thalern oder mit Gefängniß bis zu sechs Wochen zu bestrafen, wenn sie

1. ohne Genehmigung des Inhabers einer Wohnung Schlüssel zu Zimmern oder Behältnissen anfertigen, oder Schlösser an denselben öffnen;
2. ohne Genehmigung des Hausbesitzers oder seines Stellvertreters einen Hausschlüssel anfertigen, oder demselben nach Anfertigung dieses Schlüssels das Modell oder die Patrone desselben nicht ausliefern;

3. Nachschlüssel oder Dietriche ohne Erlaubniß der Polizeibehörde verabfolgen.

Sieben und zwanzigster Titel.

Anmaßung, Erschleichung oder gesetzwidrige Uebertragung eines Amts.

§. 579.

Wer sich die Ausübung eines öffentlichen Amts anmaßt, hat Geldbuße bis zu fünfhundert Thalern oder Gefängnißstrafe verwirkt. 1) Amtsanmaßung.

Ist dadurch der Staat oder ein Anderer beschädigt worden, so kann auf Strafarbeit bis zu zwei Jahren erkannt werden.

§. 580.

Gleiche Strafe (§. 579.) hat derjenige verwirkt, welcher, ohne zur Verrichtung geistlicher Amtshandlungen befugt zu seyn, solche Handlungen vornimmt.

§. 581.

Wer sich durch Bestechung, Betrug oder Fälschung in ein öffentliches Amt einschleicht, hat, außer der durch die Handlung an sich verwirkten Strafe, die Kassation zu gewärtigen. 2) Amtserschleichung.

§. 582.

Wenn derjenige, welchem die Ernennung zu einem öffentlichen Amte nicht vermöge einer amtlichen Befugniß, sondern aus eigenem Rechte zusteht, bei dessen Ausübung den darüber bestehenden gesetzlichen Vorschriften vorsätzlich entgegenhandelt, so ist er, sofern nicht in einzelnen Fällen ein Anderes angeordnet ist, dieses Rechts für seine Person nach näherer Bestimmung des §. 234. verlustig zu erklären. 3) Mißbrauch des Rechts zur Ernennung oder Wahl von Beamten oder Repräsentanten.

§. 583.

Steht ein solches Recht einer Gemeinde, einem Kollegium oder einer Korporation zu, so verlieren diejenigen Mitglieder, welche an dem Vergehen Theil genommen haben, auf Lebenszeit ihr Stimmrecht bei allen Wahlen zu Aemtern, deren Besetzung der Gemeinde, dem Kollegium oder der Korporation zusteht. Haben sich von der Theilnahme an dem Verbrechen nicht wenigstens drei Mitglieder frei gehalten, so ruht das Wahlrecht der Gemeinde u. s. w. so lange, bis drei Mitglieder wieder vorhanden sind, welche an dem Vergehen keinen Theil genommen haben.

§. 584.

Die Ernennung (§. 582.) ist jederzeit, die Wahl (§. 583.) aber nur dann ungültig, wenn die Mehrheit durch Mitglieder entstanden ist, welche sich des Verbrechens schuldig gemacht haben.

Das Recht zur Wiederbesetzung des Amts geht, wenn die Ernennung oder Wahl ungültig ist, auf die vorgesetzte Behörde über; eine Ausnahme findet jedoch Statt, wenn nach der Bestimmung am Schlusse des §. 583. das Wahlrecht der Gemeinde u. s. w. nicht außer Wirksamkeit tritt.

§. 585.

Die Bestimmungen der §§. 582 — 584. finden auch Anwendung auf die Wahlen ständischer und Gemeinde-Repräsentanten und Abgeordneten, so wie der Repräsentanten und Abgeordneten anderer Korporationen oder Kollegien.

Acht und zwanzigster Titel.

Verbrechen der Beamten.

§. 586.

Die Vorschriften dieses Titels finden Anwendung auf

alle öffentliche Beamte, sie mögen im unmittelbaren oder mittelbaren Staatsdienste stehen, bleibend oder nur vorläufig angestellt seyn, den Amtseid schon geleistet haben oder nicht.

§. 587.

I. Amtsverbrechen:
1. Insubordination.

Wer sich in seinen Amtsverhältnissen gegen seinen Vorgesetzten ungehorsam bezeigt und sich dabei einer Thätlichkeit gegen denselben schuldig macht, hat, außer der Strafe dieses letzteren Vergehens, die Amtsentsetzung verwirkt.

§. 588.

2. Verletzung der Amtsverschwiegenheit.

Wer, um sich oder Anderen Vortheil zu verschaffen oder um Andern zu schaden, die Amtsverschwiegenheit verletzt, hat Kassation und Strafarbeit oder Zuchthaus bis zu drei Jahren verwirkt.

§. 589.

3) Bestechung.

Beamte, welche für die Ausübung ihres Amts Geschenke annehmen, fordern oder sich versprechen lassen, haben Geldbuße bis zu fünfhundert Thalern oder Gefängnißstrafe, und nach Umständen zugleich Amtsentsetzung verwirkt.

§. 590.

Läßt aber ein Beamter gegen Gewährung oder Zusicherung von Geschenken oder anderen Vortheilen zu einer pflichtwidrigen Handlung oder Unterlassung in seinem Amte sich bereit finden, so trifft denselben Kassation und Strafarbeit oder Zuchthaus bis zu fünf Jahren. Die Strafe ist bei der Zumessung besonders zu steigern, wenn die Handlung oder Unterlassung wirklich begangen ist.

§. 591.

Derjenige, welcher einen Beamten durch Anbieten oder Gewähren von Vortheilen zu einer Handlung oder Unterlassung zu bestimmen sucht, hat im Falle des §. 589. Geldbuße bis zu fünfhundert Thalern oder Gefängniß, im Falle des §. 590. aber Gefängniß nicht unter acht Tagen, oder Strafarbeit oder Zuchthaus bis zu fünf Jahren, und zugleich Geldbuße von zehn bis zu tausend Thalern verwirkt.

Die gegebenen Geschenke (§§. 589. und 590.) sind dem Fiskus verfallen.

§. 592.

4) Im Amte verübte Injurien.

Wenn ein Beamter bei Ausübung oder aus Veranlassung seines Amtes einer Ehrenkränkung sich schuldig macht, so ist die nach den Vorschriften des eilften Titels verwirkte Strafe bei der Zumessung zu erhöhen. In schweren Fällen kann zugleich auf Degradation oder Amtsentsetzung erkannt werden.

Nach Beendigung der vorläufigen Ermittelungen und vor förmlicher Eröffnung der Untersuchung ist die Dienstbehörde mit ihrer Erklärung darüber zu hören, ob der Beamte sich in Bezug auf die ihm angeschuldigte Handlung einer Ueberschreitung der Amtsbefugnisse schuldig gemacht hat.

Ist die Ehrenkränkung zwischen vorgesetzten und untergebenen Beamten vorgefallen und nicht mit Thätlichkeiten verbunden gewesen, so wird solche im Disciplinarwege gerügt, jedoch bleibt es der vorgesetzten Behörde vorbehalten, die Sache den Gerichten zur Bestrafung zu überweisen.

§. 593.

5) Beugung des Rechts.

Beamte, welche bei der Leitung oder Entscheidung von Rechtssachen vorsätzlich einer Ungerechtigkeit sich schuldig machen, sollen mit Kassation und Strafarbeit oder Zuchthaus von einem bis zu fünf Jahren belegt werden.

Gleiche Freiheitsstrafe haben Schiedsrichter verwirkt, welche bei der ihnen übertragenen Entscheidung von Rechtsstreitigkeiten vorsätzlich einer Ungerechtigkeit sich schuldig machen.

§. 594.

6) Mißbrauch der Amtsgewalt in Strafsachen.

Richter, welche Jemanden mit rechtswidrigem Vorsatze verhaften, oder den Arrest eines Angeschuldigten mit rechtswidrigem Vorsatz über die Gebühr verlängern, haben außer der Kassation die im zweiten Absatze des §. 354. bestimmten Strafen verwirkt.

§. 595.

Ein Richter, welcher einen Unschuldigen zur Untersuchung zieht, obwohl ihm dessen Unschuld bekannt ist, hat außer der Strafe der falschen Anschuldigung (§. 259.) die Kassation verwirkt.

§. 596.

Ein Richter, welcher gegen einen Angeschuldigten, um von diesem ein Geständniß zu erpressen, Zwangsmittel anwendet, ist mit Gefängniß oder Strafarbeit bis zu fünf Jahren zu bestrafen, und nach Umständen zugleich des Amtes zu entsetzen.

Unter besonders mildernden Umständen kann statt dieser Strafe auf Geldbuße erkannt werden.

§. 597.

Ein Richter, welcher einen Unschuldigen, obwohl dessen Unschuld ihm bekannt ist, zu einer Strafe, oder mit rechtswidrigem Vorsatze einen Schuldigen zu einer härteren Strafe, als derselbe gesetzlich verwirkt hat, verurtheilt oder gegen einen Verurtheilten mit rechtswidrigem Vorsatz eine härtere als die erkannte Strafe vollstrecken läßt, hat, außer der Kassation, Zuchthausstrafe von zwei bis zu zwanzig Jahren zu gewärtigen.

§. 598.

Der Richter, welcher mit rechtswidrigem Vorsatz gegen einen Angeschuldigten ohne dessen vorgängige, rechtskräftige Verurtheilung eine Strafe zur Vollstreckung bringt, soll des Amtes entsetzt und außerdem, wenn die Strafe nach den Gesetzen gar nicht oder nur in einem geringeren Maaße begründet war, mit Strafarbeit bis zu fünf Jahren bestraft werden.

§. 599.

Wenn ein Richter aus rechtswidrigem Vorsatz

1. ein amtlich zu seiner Kenntniß gekommenes Verbrechen verschweigt oder zu untersuchen unterläßt,
2. dem Verbrecher, um ihn der verdienten Strafe zu entziehen, auf irgend eine Weise Vorschub leistet,
3. einen Angeschuldigten, dessen Schuld ihm bekannt ist, freispricht oder mit einer gelinderen Strafe, als der gesetzlich verwirkten, belegt,
4. die Vollstreckung der erkannten Strafe unterläßt, oder
5. eine gelindere statt der erkannten härtern Strafe vollstreckt,

so treten die Strafbestimmungen des §. 596. ein.

§. 600.

Die vorstehend §§. 594—599. den Richtern angedrohten Strafen finden auch gegen andere öffentliche Beamte Anwendung, welche vermöge ihres Amtes bei Ausübung der Strafgewalt mitzuwirken haben, und sich hierbei der in jenen Vorschriften bezeichneten Verbrechen schuldig machen.

Die Uebertretung der im §. 599. No. 1. enthaltenen Bestimmung bleibt jedoch, wenn sie in Beziehung auf Polizeivergehen verübt worden ist, der Disciplinar-Ahndung vorbehalten.

§. 601.

7) Fälschung. Ein Beamter, welcher in betrügerischer Absicht (§. 448.) Urkunden, deren Aufnahme oder Ausstellung ihm vermöge seines Amtes obliegt, unrichtig aufnimmt oder ausstellt, oder echte Urkunden, welche ihm vermöge seines Amtes anvertraut sind, verfälscht, hat außer der Kassation die im §. 465. bestimmte Strafe verwirkt.

Das Verbrechen ist vollendet, sobald die falsche Urkunde angefertigt oder die ächte Urkunde verfälscht worden, wenngleich von derselben noch kein Gebrauch gemacht ist; dieser letztere Umstand ist jedoch bei Zumessung der Strafe zu berücksichtigen.

§. 602.

Die Vernichtung, Beschädigung oder Unterdrückung amtlich anvertrauter Urkunden in betrügerischer Absicht (§. 450. No. 7.) wird gleich der Fälschung (§. 601.) bestraft. 8) Unterdrückung von Urkunden.

§. 603.

Beamte, welche Gebühren oder andere für amtliche Verrichtungen zu zahlende Vergütungen für eigene Rechnung zu beziehen haben, und hierbei den Pflichtigen vorsätzlich mehr abfordern, als diese zu entrichten schuldig sind, sollen, wenn sie wegen eines solchen Vergehens schon früher disziplinarisch bestraft worden sind, mit Geldbuße von funfzig bis zu fünfhundert Thalern bestraft werden; auch kann zugleich Amtsentsetzung oder Kassation eintreten. 9) Bedrückung der Unterthanen bei Erhebung von Gebühren und Abgaben.

§. 604.

Die Amtsentsetzung oder Kassation nebst einer Geldbuße von funfzig bis zu fünfhundert Thalern findet statt, wenn ein Beamter, welcher Steuern, Gebühren oder andere Abgaben für eine öffentliche Kasse zu erheben hat, hierbei mehr erhebt, als die vorgeschriebenen Tarife, Taxen, Reglements, Kataster oder Heberollen gestatten, und das zu viel Erhobene bei der Kasse nicht in Einnahme stellt, sondern für sich behält.

§. 605.

Gleiche Strafe (§. 604.) tritt ein, wenn Beamte bei den von ihnen im Amte zu leistenden Zahlungen den Empfängern unbefugt Abzüge machen und die Zahlungen als vollständig geleistet in Ausgabe stellen. 10) Verkürzung der Unterthanen bei Zahlungen.

§. 606.

11) Verkürzung der Kassen bei Veranlagung von Abgaben etc.

Beamte, welchen die Veranlagung, Feststellung oder Erhebung zu einer öffentlichen Kasse fließender Einnahmen übertragen ist, haben Degradation oder Amtsentsetzung verwirkt, wenn sie die Kasse dadurch vorsätzlich verkürzen, daß sie den von den Pflichtigen zu entrichtenden Betrag entweder gar nicht oder zu gering in Ansatz bringen oder erheben.

§. 607.

12) Unterschlagung amtlich anvertrauter Gelder etc.

Ein Beamter, welcher Gelder oder andere Sachen, die er in amtlicher Eigenschaft empfangen hat, unterschlägt, soll mit Amtsentsetzung bestraft werden. Auch kann nach Umständen zugleich auf Strafarbeit oder Zuchthaus bis zu fünf Jahren, und anstatt der Amtsentsetzung auf Kassation erkannt werden.

Die Absicht, das Unterschlagene wieder zu erstatten, soll die Anwendung dieser Strafen niemals ausschließen.

Finden sich die Gelder oder Sachen, welche ein Beamter in amtlicher Eigenschaft empfangen hat, und die noch in seiner Gewahrsam befindlich sein sollten, bei ihm nicht vor, so wird angenommen, daß er dieselben unterschlagen habe, es sey denn, daß aus den Verhältnissen ein Anderes erhellet.

§. 608.

Die Bestimmung im §. 607. findet auch dann Anwendung, wenn ein Beamter über Gelder oder andere Sachen, welche er in amtlicher Eigenschaft zu empfangen hat, dem Schuldner, an dessen Stelle er solche zu berichtigen übernimmt, eine amtliche Quittung ertheilt, die übernommene Zahlung aber nicht unverzüglich leistet.

§. 609.

Sind in Beziehung auf eine Unterschlagung (§§. 607. und 608.) die zur Eintragung oder Kontrole der Einnahmen oder Ausgaben bestimmten Rechnungen, Register oder Bücher unrichtig geführt, verfälscht oder unterdrückt, oder unrichtige Abschlüsse oder Auszüge aus diesen Rechnungen, Registern oder Büchern, oder unrichtige Beläge zu denselben vorgelegt, oder ist auf den Fässern, Beuteln oder Packeten der Geldinhalt fälschlich bezeichnet, oder sind sonst Fälschungen begangen, so tritt, außer der Kassation, Zuchthausstrafe von zwei bis zu zehn Jahren ein.

§. 610.

Postbeamte, welche der Post anvertraute Briefe oder Packete rechtswidrig eröffnen, oder dergleichen Briefe oder Packete, welche keinen Geldwerth haben, unterschlagen, sollen ihres Amtes entsetzt, und können außerdem mit Strafarbeit bis zu zwei Jahren bestraft werden.

§. 611.

13) Untreue der gerichtlichen Anwalte.

Gerichtliche Anwalte oder andere öffentlich bestellte Rechtskonsulenten, welche bei den ihnen in amtlicher Eigenschaft anvertrauten Angelegenheiten vorsätzlich zum Nachtheil ihrer Klienten handeln, insonderheit diejenigen, welche solchergestalt in einem Rechtsstreite der Gegenparthei mit ihrem Rathe oder Beistande dienen, sollen kassirt werden. Auch kann zugleich auf Strafarbeit bis zu fünf Jahren erkannt werden.

§. 612.

14) Bestrafung pflichtwidriger Vorgesetzten

Gegen Amtsvorgesetzte, welche vorsätzlich ihre Untergebenen zu einem Amtsverbrechen verleiten, kann die Strafe dieses Verbrechens, den Umständen nach, bis zur Verdoppelung geschärft und in Fällen, in denen gegen die Untergebenen nur Geldbuße, Freiheitsstrafe, oder Degradation eintritt, auf Amtsentsetzung erkannt werden.

§. 613.

Ein Vorgesetzter, welcher wissentlich geschehen läßt,

daß ein Untergebener Amtsverbrechen begeht, ist gleich dem Urheber des Verbrechens zu bestrafen. Diese Bestimmung findet auch auf diejenigen Anwendung, denen eine Aufsicht oder Kontrole über die Amtsgeschäfte eines Mitbeamten übertragen ist, sofern das von dem letztern verübte Verbrechen die zu ihrer Aufsicht oder Kontrole gehörenden Geschäfte betrifft.

§. 614.

15) Theilnahme dritter Personen am Amtsverbrechen.

Hat ein Beamter Mitschuldige, die keine Beamten sind, so tritt gegen dieselben statt der Degradation Gefängnißstrafe, und statt der Amtsentsetzung oder Kassation, Strafarbeit bis zu drei Jahren ein.

§. 615.

II. Disziplinar-Vergehen.

Pflichtwidrigkeiten der Beamten, welche nicht vorstehend §§. 587—609. als Amtsverbrechen bezeichnet worden, sind kein Gegenstand gerichtlicher Untersuchung und Bestrafung, sondern werden im Disziplinarwege nach den darüber bestehenden Vorschriften geahndet.

§. 616.

III. Gemeine Verbrechen.

Wird ein Beamter zur Zuchthausstrafe verurtheilt, so trifft ihn die Kassation, und wenn er zu einer andern Freiheitsstrafe von einjähriger oder längerer Dauer verurtheilt wird, die Amtsentsetzung.

Auch bei andern Strafen ist zugleich auf Kassation oder Amtsentsetzung zu erkennen, wenn

1. die strafbare Handlung die Verletzung besonderer Unterthanspflichten in sich schließt (§§. 152. 160. 166. 179. 183. 205. 209. 216.), oder
2. in dem Verbrechen eine grobe Nichtachtung der Religion oder Sittlichkeit liegt (§§. 238 — 241. 244. 257. 259. No. 2. 386. 392. 395—398.), oder
3. dadurch ein besonderer Mangel an Ehrliebe an den

Tag gelegt wird (§§. 405. 406. 417. 425. 426. 444. 449. 450. 452. 453. 464. 466. 479. 485.), oder

4. der Beamte sein amtliches Verhältniß zur Verübung von Verbrechen benutzt hat, zu deren Verhinderung er bestellt war.

In der Anwendung dieser Vorschriften macht es keinen Unterschied, ob die strafbare Handlung vor oder nach der Anstellung des Beamten begangen worden ist.

§. 617.

Die Bestimmung im ersten Satze des §. 616. findet auch auf Amtsverbrechen Anwendung. Gemeinsame Bestimmungen.

§. 618.

Hat ein Beamter sich des Versuchs zu einem Amts- oder gemeinen Verbrechen, welches die Kassation oder Amtsentsetzung nach sich zieht, schuldig gemacht (§§. 58. und 59.), oder an einem solchen Verbrechen als Gehülfe, Begünstiger oder in anderer Weise Theil genommen (§§. 70. bis 72.), so ist, sofern nicht die Bestimmungen des §. 616. Platz greifen, nach richterlichem Ermessen auf Amtsentsetzung oder nach dem Maaßstabe des §. 614. auf Freiheitsstrafe zu erkennen.

§. 619.

Hat ein Beamter sich des Versuchs zu einem mit der Degradation bedrohten Verbrechen schuldig gemacht oder an einem solchen Verbrechen auf die im §. 618. erwähnte Art Theil genommen, so ist gegen denselben nach richterlichem Ermessen auf Degradation oder Gefängnißstrafe zu erkennen.

§. 620.

Wenn entlassene Beamte ein Verbrechen begehen, welches, wenn sie noch im Dienste befindlich wären, die Kas- IV. Verbrechen entlassener Beamten;

sation oder Amtsentsetzung zur Folge gehabt haben würde, so sind dieselben des Rechts, ihren Amtstitel oder ihr sonstiges Dienstprädikat zu führen, verlustig zu erklären.

Neun und zwanzigster Titel.

Verbrechen der Geistlichen.

§. 621.

Geistliche, welche denjenigen landesgesetzlichen Vorschriften, oder landesherrlichen Anordnungen, oder denjenigen von den Staatsbehörden innerhalb ihrer Amtsbefugniß erlassenen Verfügungen, welche sich auf die Ausübung des geistlichen Amts beziehen (bürgerliche Amtsvorschriften) entgegenhandeln, haben Geldbuße bis zu fünfhundert Thalern, oder Gefängniß bis zu sechs Monaten, und bei erschwerenden Umständen die Entfernung aus dem Amte (§. 625.) verwirkt.

§. 622.

Gleiche Strafe (§. 621.) trifft diejenigen Geistlichen, welche sich bei der Ausübung ihres Amts eines Mißbrauchs ihrer geistlichen Amtsbefugnisse schuldig machen. Ein solcher Mißbrauch findet statt, wenn die Ausübung der geistlichen Amtsbefugnisse in Handlungen, welche das gemeine Wohl gefährden oder in willkührliche Bedrückungen oder Verletzungen Einzelner ausartet.

§. 623.

Wenn Geistliche in ihrem amtlichen Verhältnisse eine Ehrenkränkung, eine Fälschung oder Unterdrückung von Urkunden, oder eine Veruntreuung begehen, so sind sie mit denselben Strafen zu belegen, welche gegen Beamte wegen solcher Verbrechen stattfinden (§§. 592. 601. 602. und 607—609.).

Statt der Kassation oder Amtsentsetzung ist auf Entfernung aus dem Amte (§. 625.) zu erkennen.

§. 624.

Wegen gemeiner Verbrechen, welche die Kassation oder Amtsentsetzung eines Beamten zur Folge haben (§. 616.), ist gegen Geistliche, außer der sonst verwirkten Strafe, auf Entfernung aus dem Amte (§. 625.) zu erkennen.

§. 625.

Ein Geistlicher, gegen welchen auf Entfernung aus dem Amte rechtskräftig erkannt ist, geht aller mit dem Amte verbundener Rechte verlustig, und darf selbst zu den Verrichtungen eines Hülfsgeistlichen nicht weiter zugelassen werden.

Mit der Entfernung aus dem Amte kann, wenn der fernere Aufenthalt des Geistlichen in seinem bisherigen Amtssitze die öffentliche Ruhe oder Ordnung gefährden würde, und die Verwaltungsbehörde darauf anträgt, zugleich auf Orts- oder Bezirks-Verweisung erkannt werden.

§. 626.

Die Bestimmungen des §. 618. finden, soweit sie sich auf die Kassation oder Amtsentsetzung der Beamten beziehen, in gleicher Art auch auf die Entfernung aus dem Amte Anwendung.

§. 627.

Vergehen der Geistlichen gegen ihre Amts- und Standespflichten, welche nicht zugleich Verbrechen oder bürgerliche Amtsvergehen (§§. 621. und 622.) sind, werden von der geistlichen Behörde, nach den darüber für die verschiedenen Konfessionen bestehenden Anordnungen bestraft.

§. 628.

Wegen der in den §§. 621. und 622. bezeichneten Vergehen, kann die gerichtliche Untersuchung nur mit Genehmigung des Ministers der geistlichen Angelegenheiten eingeleitet werden.

§. 629.

Schließt eines der in den §§. 627. und 628. erwähnten Verbrechen oder Vergehen ein gemeines Verbrechen in sich, oder ist ein solches mit denselben verbunden, so schreiten die Gerichte von Amtswegen ein.

Entwurf

des

Gesetzes über die Einführung des Strafgesetzbuchs

und

des Gesetzes über die Kompetenz der Gerichte zur Untersuchung und Bestrafung der Verbrechen und Vergehen im Bezirke des Apellations-Hofes zu Cöln.

Berlin, 1843.

Entwurf eines Gesetzes über die Einführung des Strafgesetzbuchs.

Wir Friedrich Wilhelm, von Gottes Gnaden, König von Preußen &c. &c.

Nachdem Unsers in Gott ruhenden Herrn Vaters Majestät eine Revision der Strafgesetze anzuordnen geruht haben, und solche nunmehr vollendet ist, so ertheilen Wir dem in Folge derselben abgefaßten Strafgesetzbuche, nach erfordertem Gutachten Unseres Staatsraths und nach Anhörung Unserer getreuen Stände, hierdurch Unsere landesherrliche Sanktion und verordnen wegen dessen Einführung was folgt:

§. I.

Das Strafgesetzbuch tritt im ganzen Umfange der Monarchie am   in Kraft. I. Allgemeine Bestimmungen.

§. II.

Mit diesem Zeitpunkte werden außer Wirksamkeit gesetzt: der zwanzigste Titel des zweiten Theils des Allgemeinen Landrechts, das Rheinische Strafgesetzbuch und die gemeinen Deutschen Kriminalgesetze nebst allen dieselben ergänzenden, abändernden und erläuternden Bestimmungen.

Es bleiben jedoch ferner in Kraft nicht nur diejenigen Strafbestimmungen, auf welche das gegenwärtige Gesetzbuch hinweist, sondern auch solche besondere Vorschriften, welche Materien betreffen, in Hinsicht deren dasselbe nichts bestimmt.

§. III.

Wo in den Gesetzen auf Bestimmungen des bisherigen Strafrechts verwiesen ist, treten die Vorschriften des gegenwärtigen Strafgesetzbuchs an deren Stelle.

§. IV.

Das Gesetz vom 25sten April 1835. über die Kompetenz der Dienst- und Gerichtsbehörden zur Untersuchung der von Staatsbeamten im Amte verübten Ehrenkränkungen wird aufgehoben.

§. V.

Die Strafbarkeit einer Handlung, welche vor dem begangen ist, wird nach den bisherigen Gesetzen beurtheilt. Ist die Handlung jedoch in dem gegenwärtigen Strafgesetzbuche mit gar keiner oder mit einer gelinderen Strafe bedrohet, so ist letzteres bei der Entscheidung zum Grunde zu legen. Ist es zweifelhaft, ob das Verbrechen vor oder nach dem Tage, an welchem das neue Strafgesetzbuch in Kraft tritt, begangen worden, so ist bei der Entscheidung das mildere Gesetz anzuwenden.

§. VI.

War die Verjährung eines Verbrechens oder Vergehens schon vor dem vollendet, so hat es dabei sein Bewenden.

In allen andern Fällen kommen die Vorschriften des gegenwärtigen Strafgesetzbuchs zur Anwendung.

§. VII.

Bei Anwendung der Strafe des Rückfalls macht es keinen

Unterschied, ob die früheren Straffälle vor oder nach Publikation des gegenwärtigen Strafgesetzbuchs vorgekommen sind.

§. VIII.

Wir behalten Uns vor, in den Fällen, in welchen die bereits rechtskräftig erkannte Strafe noch nicht vollständig vollstreckt ist, das gegenwärtige Strafgesetzbuch aber mildere Bestimmungen enthält, besondere Anordnungen zu treffen, und den Justizminister deshalb mit Anweisung zu versehen.

§. IX.

II. Besondere Bestimmungen für die Landestheile, wo die Kriminal-Ordnung vom 11ten Dezember 1805. Gesetzeskraft hat.

Die Strafe des Rückfalls soll auch dann zur Anwendung kommen, wenn nach den Grundsätzen der Kriminal-Ordnung vom 11ten Dezember 1805. über die Beweisführung (§§. 391—408) auf eine außerordentliche Strafe erkannt wird, oder in den früheren Fällen erkannt worden ist.

§. X.

Bei Verbrechen, welche mit Kassation oder Verlust der Ehrenrechte bedroht sind, soll hierauf auch dann erkannt werden, wenn nach den Grundsätzen der Kriminal-Ordnung vom 11ten Dezember 1805. über die Beweisführung (§§. 391. bis 408.) nur eine außerordentliche Strafe eintritt.

Zieht ein Verbrechen die Amtsentsetzung oder Degradation nach sich, so soll, ohne Unterschied, ob daneben noch eine andere Strafe angeordnet ist oder nicht, im Falle der außerordentlichen Strafe (Kriminal-Ordnung §§. 391. bis 408.) dem richterlichen Ermessen überlassen bleiben, ob auf die Amtsentsetzung oder Degradation, oder anstatt derselben auf Freiheitsstrafe nach den Grundsätzen des §. 614. zu erkennen sey.

§. XI.

III. Besondere Bestimmungen für den Bezirk des Rheinischen Appellationsgerichtshofes zu Cöln.

Der §. 12. des gegenwärtigen Gesetzbuches findet auch auf diejenigen Anwendung, welche vor dessen Publikation nach dem Rheinischen Strafgesetzbuche zur Strafe der Zwangsarbeit oder des Zuchthauses verurtheilt worden sind.

Bei der Bestellung eines Kurators behält es sein Bewenden.

§. XII.

Der mit der Verurtheilung zu lebenslänglicher Freiheitsstrafe nach dem Rheinischen Strafgesetzbuche verbundene bürgerliche Tod und dessen rechtliche Folgen fallen in Zukunft weg, unbeschadet bereits erworbener Rechte dritter Personen.

§. XIII.

Die Wirkung der vor der Bekanntmachung des gegenwärtigen Strafgesetzbuches verordneten Polizei-Aufsicht wird nach den Bestimmungen der §§. 40. bis 44. beurtheilt. Die früher bereits gestellte Kaution dauert bis zu deren Zurücknahme fort.

§. XIV.

Eine Schärfung der Strafe wegen Rückfalls findet wegen einer vor der Publikation des Strafgesetzbuchs ergangenen Verurtheilung nur statt, wenn das früher bestrafte Verbrechen ein gleichartiges (§. 124.) ist.

§. XV.

Rechtskräftig erkannte Strafen sind keiner Verjährung unterworfen; in sofern aber früher erkannte Strafen wegen Ablaufs der in den bisherigen Gesetzen bestimmten Zeit, als verjährt, nicht mehr vollstreckt werden dürfen, behält es dabei sein Bewenden.

Die Artikel 635. bis 643. der Rheinischen Kriminal-Ordnung werden aufgehoben.

§. XVI.

Wer zum Verluste der Ehrenrechte (§. 33.) verurtheilt worden ist, kann niemals Geschworner sein, noch als Zeuge bei öffentlichen Urkunden zugezogen werden; nur über seine eigenen Kinder kann derselbe Vormund sein, wenn der Familienrath darin einwilligt.

Die vor der Publikation des gegenwärtigen Strafgesetzbuchs nach dem Rheinischen Strafgesetze zu Zwangsarbeit, Zuchthaus oder Pranger Verurtheilten bleiben der eben erwähnten, sowie der im §. 33. gedachten Ehrenrechte verlustig.

§. XVII.

Die Beamten des Civilstandes, welche ihre urkunden auf einfache, fliegende Blätter schreiben, werden mit Gefängniß von einem Monate bis zu drei Monaten und zugleich mit einer Geldbuße von fünf bis zu funfzig Thalern bestraft.

§. XVIII.

Hat ein solcher Beamter die Heiraths-Urkunde einer schon verehelicht gewesenen Frau vor Ablauf der im Artikel 228. des Civilgesetzbuchs festgesetzten Frist, ohne höhere Erlaubniß, aufgenommen, so verfällt er in eine Geldbuße von fünf bis zu einhundert Thalern.

§. XIX.

Wenn zur Gültigkeit einer Ehe nach gesetzlicher Vorschrift die Einwilligung der Eltern oder anderer Personen erforderlich ist, und der Civilstandsbeamte vor Aufnahme der Heiraths-Urkunde sich nicht von dem Dasein dieser Einwilligung überzeugt, so wird er mit einer Geldbuße von fünf bis zu funfzig Thalern und mit Gefängniß nicht unter sechs Monaten bestraft.

Dieselbe Geldbuße und Gefängniß nicht unter einem Monate trifft ihn, wenn er eine Heiraths-Urkunde aufnimmt, ohne daß ihm die gesetzlich erforderliche Nachsuchung der Einwilligung, wo solche nöthig ist (Artikel 157. des Rheinischen Civilgesetzbuchs), nachgewiesen worden.

§. XX.

Die in den §§. XVIII. und XIX. angedrohten Strafen sollen erkannt werden, auch wenn die Gültigkeit der Ehe nicht angefochten worden ist.

§. XXI.

Ein Geistlicher, welcher eine Ehe kirchlich einsegnet, bevor ihm nachgewiesen worden, daß ein Heiraths-Kontrakt vor dem Civilstands-Beamten geschlossen worden, hat die im §. 621. bestimmte Strafe verwirkt.

Jedoch behält es in den Landestheilen der rechten Rheinseite bei den bestehenden Anordnungen sein Bewenden.

§. XXII.

Die Unterlassung der Anzeige eines neugebornen oder aufgefundenen Kindes in der durch das Civilgesetzbuch vorgeschriebenenen Frist wird mit Gefängniß bis zu sechs Monaten und einer Geldbuße von zwanzig bis zu einhundert Thalern bestraft.

Urkundlich ꝛc.

Entwurf eines Gesetzes über die Kompetenz der Gerichte zur Untersuchung und Bestrafung der Verbrechen und Vergehen in dem Bezirke des Appellationshofes zu Cöln.

Wir Friedrich Wilhelm, von Gottes Gnaden, König von Preußen ꝛc. ꝛc.

verordnen, da die Einführung des neuen Strafgesetzbuches in den Bezirk des Appellationshofes zu Cöln eine anderweitige Feststellung der Kompetenz der dortigen Gerichte in Strafsachen nöthig macht, auf den Antrag Unseres Staatsministeriums, nach Anhörung Unserer getreuen Stände der Rheinprovinz und nach eingeholtem Gutachten Unseres Staatsraths für den Bezirk des genannten Appellationsgerichtshofes, was folgt:

§. 1.

Die Gerichte der einfachen Polizei erkennen über alle Vergehen, deren höchste gesetzliche Strafe eine Geldbuße von funfzig Thalern oder eine Gefängnißstrafe von sechs Wochen nicht übersteigt. Ausgenommen hiervon bleiben jedoch die in den §§. 161. 162. u. 163. des Strafgesetzbuches bezeichneten Vergehen. — Auf körperliche Züchtigung dürfen diese Gerichte nicht erkennen.

§. 2.

Die Berufung von den Erkenntnissen der Polizeigerichte ist in allen Fällen zulässig.

Der Artikel 172. der Rheinischen Straf-Prozeß-Ordnung wird hierdurch aufgehoben.

§. 3.

Die in dem Artikel 192. dieser Prozeß-Ordnung der Staatsbehörde und dem Civilkläger beigelegte Befugniß, die Verweisung der Untersuchung an den kompetenten Richter zu verlangen, soll künftig auch dem Beschuldigten zustehn.

§. 4.

Die Zuchtpolizei-Kammern erhalten die Benennung „Kriminalgericht.“

Dieselben erkennen

1. über die Berufungen von den Erkenntnissen der Polizeigerichte;
2. über alle Verbrechen, deren höchste gesetzliche Strafe eine Freiheitsstrafe von fünf Jahren nicht übersteigt, und zwar auch in den Fällen, in denen mit dem Verbrechen die im §. 8. des Strafgesetzbuches unter No. 5. bis 16. bezeichneten Strafen verbunden sind, oder der Rückfall oder das Zusammentreffen mehrerer Verbrechen die Anwendung einer höheren, als fünfjährigen Freiheitsstrafe gestattet oder nöthig macht; ausgenommen hiervon bleibt nur der in dem zweiten Satze des §. 415. vorgesehene Fall.
3. über die auch mit höherer als fünfjähriger Freiheitsstrafe bedrohten Verbrechen, welche in den Titeln 1. 2. 3. 4. 6. 7. 27. 28. 29. des zweiten Theils des Strafgesetzbuches angeführt sind.

§. 5.

Die Artikel 479. bis 503. einschließlich der Rheinischen Straf-Prozeß-Ordnung, und der Art. 10. des Gesetzes vom 20sten April 1810. werden hierdurch aufgehoben.

§. 6.

Das Kriminal-Gericht hat in allen ihm überwiesenen Untersuchungen nach den in der Rheinischen Straf-Prozeß-Ordnung für zuchtpolizeiliche Vergehen gegebenen Vorschriften zu verfahren.

Die Verordnung vom 30 sten September 1836., betreffend das Verfahren in Untersuchungen wegen Aufruhrs oder Tumults, wird in dem Bezirke des Appellations=Gerichtshofes zu Cöln außer Kraft gesetzt.

§. 7.

Wenn das höchste Maaß der gesetzlichen Strafe die Dauer einer fünfjährigen Freiheitsstrafe übersteigt (§. 4. No. 3.), so müssen in der ersten Instanz fünf, in der zweiten Instanz sieben Richter zum Erkenntnisse mitwirken. Wo diese Zahl nicht vorhanden ist, hat der Justizminister dieselbe durch kommissarische Heranziehung anderer zum Richteramte qualifizirten Justiz=Beamten zu ergänzen.

§. 8.

Ueber alle andere, als die im §. 4. erwähnten Verbrechen hat der Assisenhof in den für dieselben in der Straf=Prozeß=Ordnung vorgeschriebenen Formen zu entscheiden.

§. 9.

Wenn dieselbe Person mehrerer Verbrechen beschuldigt wird, von denen eins oder einige vor das Kriminalgericht, die andern aber vor den Assisenhof gehören, so hat der Anklage=Senat die Entscheidung über alle Verbrechen an dasjenige Gericht zu verweisen, welches über das mit der strengsten Strafe bedrohte Verbrechen zu erkennen hat.

Findet sich jedoch unter den verschiedenen Verbrechen auch nur Eins der im §. 4. No. 3. erwähnten, so hat das Kriminalgericht über alle zu entscheiden.

Dasselbe findet statt, wenn ein wegen Amtsverbrechen zur Untersuchung gezogener Beamter Mitschuldige hat, die nicht Beamten sind.

Urkundlich ꝛc.

Gegeben ꝛc.

Gedruckt bei Julius Sittenfeld.

Kolibri 360 GmbH
Ferdinand-Jühlke-Straße 7
99095 Erfurt, Deutschland
produktsicherheit@kolibri360.de